粉细砂地层浅埋暗挖法注浆加固技术指南

叶 英 编著

中国建筑工业出版社

图书在版编目（CIP）数据

粉细砂地层浅埋暗挖法注浆加固技术指南/叶英编著．—北京：中国建筑工业出版社，2013.8
ISBN 978-7-112-15633-7

Ⅰ.①粉… Ⅱ.①叶… Ⅲ.①地铁隧道-流砂层-浅埋暗挖-注浆加固-指南 Ⅳ.①U459.1-62

中国版本图书馆 CIP 数据核字（2013）第 163945 号

粉细砂地层浅埋暗挖法注浆加固技术指南
叶 英 编著

*

中国建筑工业出版社出版、发行（北京西郊百万庄）
各地新华书店、建筑书店经销
北京科地亚盟排版公司制版
北京世知印务有限公司印刷

*

开本：850×1168毫米 1/32 印张：4⅝ 字数：130千字
2013年10月第一版 2013年10月第一次印刷
定价：**20.00元**
ISBN 978-7-112-15633-7
（24233）

版权所有 翻印必究
如有印装质量问题，可寄本社退换
（邮政编码 100037）

浅埋暗挖法是一些城市地铁隧道施工的主要形式，在所开挖的区间隧道和地铁车站上方通常会存在一层含水细砂及粉细砂层，对于饱和含水砂层的施工是土木工程界的一大难题，采用注浆技术可保证开挖的安全进行，因此，有必要研究粉细砂地层的注浆机理，据此确定注浆材料、注浆压力、凝胶时间、加固范围等注浆参数，以注浆效果后评价结果为开挖条件，减少注浆施工的盲目性，提高开挖的安全性。本书作为该领域的专项研究成果，对保证粉细砂地层开挖隧道的正常施工、降低费用以及减少对环境的影响有着巨大的意义。本书可供从事地铁施工的技术人员参考。

* * *

责任编辑：曾　威
责任设计：董建平
责任校对：肖　剑　赵　颖

前 言

目前,越来越多的城市为缓解拥挤的地面交通都在修建或筹建地铁工程。我国正在修建和拟建地铁城市已有二十多个,浅埋暗挖法是地铁隧道施工的主要形式。第四系地层是城市地下常见的地层,这不可避免地要遇到饱水、松散、稳定性差的土层。随着人们环境保护意识的增强和隧道在既有建筑物下面穿过的情况增多,施工条件越来越苛刻。采用注浆技术在一定程度上可以解决这些问题,这就预示着注浆技术在我国地铁工程中有着巨大的发展市场。

由于城市所处的特殊地质环境,在所开挖的区间隧道和地铁车站上方通常会存在一层含水细砂及粉细砂层,该砂层的存在对隧道暗挖施工造成严重影响,不仅可引起地层的较大变形,而且有时还会造成塌方,甚至地表大范围塌陷。同时由于泥砂互层的存在,即使实行降水,在两种地层的接触位置仍难免残留部分泥水,这显然会给施工造成较大的影响。浅埋暗挖施工的基本条件是要求无水施工,并保证开挖面的稳定性。由于地层条件以及城市环境保护的需要,有些地区不适宜降水施工或者降水效果不理想,这就要求在带水条件下施工,势必增加施工难度。

已有的研究表明,在上覆砂层的隧道开挖时其超前地层变形成倍增加,占总变形量的 $40\% \sim 50\%$,同时由于地层超前变形的增大也恶化了开挖掌子面的稳定性,而掌子面的稳定性对保障浅埋暗挖施工安全非常重要,因此对砂层,尤其是含水砂层进行改良就显得非常重要。

一般认为，采用管棚或小导管配合注浆是该类地层条件下隧道施工的重要途径，所遇到的主要问题是研制性能可靠的注浆材料以及选择合理的注浆工艺。在含水砂层条件下进行浅埋暗挖施工所遇到的主要问题是掌子面的稳定性、施工安全和对周围地层（包括重要的建筑物和构筑物）环境的影响。

对于饱和含水砂层的施工，是土木工程界的一大难题，在该地层中开挖隧道极易发生涌水、涌砂、塌方等工程灾害，目前，国内外类似工程可借鉴的经验不多。砂层松散，无粘聚力，自稳能力很差。在大断面含水砂层的条件下进行隧道施工非常困难。在城市地铁施工中由于地层变形和周围环境控制的要求严而工期又紧，使得在某些情况下不考虑经济代价，每延米区间隧道土建施工费可高达 10 万～20 万元，这通常也对安全造成一定的影响。在饱和含水砂层中开挖隧道的关键工作是防止涌水、涌砂和地层坍塌等工程事故。

采用注浆技术可用来加固掌子面上方的拱部地层，以提高地层的力学性能，如强度和抗变形能力，可以保证开挖的安全进行，减少开挖引起的地面沉降。

因此，有必要研究粉细砂地层的注浆机理，据此进行注浆选材、合理确定注浆压力、注浆的凝胶时间、注浆加固范围等注浆参数，以及进行注浆效果评价等以减少注浆施工的盲目性，有针对性地对此种地层的注浆给予指导。将研究成果推广使用，对于城市地铁建设和粉细砂地层开挖隧道的安全施工，减少隧道开挖对周围环境的影响以及减少工程材料费用有着巨大的意义，也必将产生巨大的经济效益、社会效益和环境效益。

在本书的编写中，得到北京市轨道交通建设管理有限公司和北京市市政工程研究院各位领导对研究工作的大力支持。书中内容得到地下工程建设预报预警北京市重点实验室项目组成员的多方协助与合作，这里表示感谢。

限于作者的水平与经验，书中内容难免有疏漏谬误不当之处，敬请读者批评指正。

叶 英

2013.7.31

目 录

1 粉细砂概述 …………………………………………… 1
  1.1 粉细砂的基本性质 ………………………………… 1
    1.1.1 粉细砂的粒径 ………………………………… 1
    1.1.2 天然含水率 …………………………………… 2
    1.1.3 重度 …………………………………………… 2
    1.1.4 孔隙比 ………………………………………… 3
  1.2 粉细砂的工程性质 ………………………………… 7
    1.2.1 颗粒级配的影响 ……………………………… 8
    1.2.2 细粒含量的影响 ……………………………… 10
    1.2.3 含不同粘土矿物的水敏性 …………………… 12
    1.2.4 初始固结应力的影响 ………………………… 15
    1.2.5 不同结构的动弹模与动弹应变 ……………… 16
  参考文献 …………………………………………………… 17

2 浅埋暗挖法注浆加固技术 ……………………………… 18
  2.1 粉细砂地层注浆加固机理 ………………………… 18
    2.1.1 可注性理论 …………………………………… 20
    2.1.2 浆液的流变性 ………………………………… 21
  2.2 浆液的选择 ………………………………………… 33
    2.2.1 注浆选材原则 ………………………………… 33
    2.2.2 浆液的选择要求 ……………………………… 34
    2.2.3 浆液的性能分析 ……………………………… 37
  2.3 粉细砂地层中注浆参数的确定 …………………… 41

  2.3.1　水灰比对注浆的影响 ················· 41
  2.3.2　小导管参数的确定 ··················· 42
  2.3.3　浆液的用量计算 ····················· 43
  2.3.4　注浆加固带厚度的确定 ··············· 45
  2.3.5　柱状扩散的时间、半径及孔距 ········· 45
  2.3.6　注浆孔的位置及半径确定 ············· 48
  2.3.7　注浆压力的确定 ····················· 49
 2.4　超前支护注浆加固 ··························· 51
  2.4.1　超前支护的适用范围 ················· 52
  2.4.2　超前支护技术的评价分析 ············· 54
  2.4.3　超前小导管注浆 ····················· 56
  2.4.4　管棚超前注浆支护 ··················· 67
  2.4.5　水平旋喷注浆支护 ··················· 93
参考文献 ··· 121

3　注浆效果的检验与评价 ··························· 122

 3.1　注浆效果的评价标准 ······················· 122
 3.2　注浆效果检查方法 ························· 124
  3.2.1　p-Q-t 曲线法 ······················· 125
  3.2.2　注浆量分布特征法 ··················· 126
  3.2.3　浆液充填率反算法 ··················· 128
  3.2.4　涌水量对比法 ······················· 129
  3.2.5　渗透系数测定法 ····················· 130
  3.2.6　力学指标测试法 ····················· 130
  3.2.7　PST 法 ····························· 131
  3.2.8　检查孔法 ··························· 132
  3.2.9　开挖取样法 ························· 134
  3.2.10　变位推测法 ························ 136
  3.2.11　物探法 ···························· 136
参考文献 ··· 138

1 粉细砂概述

粉细砂的成因可分为：冲积、洪积、淤积和风积等类型。粉细砂天然容重较小，天然状态下无黏性、无塑性，为磨圆度较好的颗粒结构，呈松散状态，粉粘粒（<0.05mm）含量很少，内摩擦角为26°～35°，几乎没有粘聚性。颗粒组成多集中在0.25～0.074mm，分选性一般，颗粒组成较单一、级配不良。由于粉粘粒的含量很少，粉细砂的矿物成分以长石、石英为主，SiO_2的含量占55%～68%，因此粉细砂的表面活性很低。另一方面，粉细砂的渗透性能较好，渗透系数在$n\times 10^{-3}$cm/s，毛细水上升高度小于1m。压实成形后抗剪强度很低，整体稳定性较差。在地震、机器振动、列车行驶、打桩以及爆破等动力荷载（振动）作用下，粉细砂（特别是饱和粉细砂）表现出类似液体性状而完全失去承载能力的现象，称为粉细砂的液化，形成喷砂、冒水、震陷、滑塌、地基失稳等灾害。其中又以地震引起的大面积甚至深层的粉细砂液化的危害性最大。因此，近年来粉细砂的振动液化引起了国内外工程界的普遍重视，成为工程设计中考虑的重要因素之一。

1.1 粉细砂的基本性质

粉细砂的静力特性受许多因素的影响，在不同的试验条件下会表现出不同的性状。影响因素主要包括以下几个方面。

1.1.1 粉细砂的粒径

按《疏浚岩土分类标准》JTJ/T 320—1996和《岩土工程勘

察规范》GB 50021—2001 划分如下：

粉砂：粒径 $d>0.075$mm 颗粒大于总质量的 50%。

细砂：粒径 $d>0.075$mm 颗粒大于总质量的 85%。

一般情况粉砂和细砂粘粒 $d<0.005$mm 含量小于 10%，如超过 10% 则按混合土定名。粉粒 $d=(0.005\sim0.075\text{mm})$ 含粉砂量一般为 20%~45%，细砂一般为 8%~14%。

（1）粉细砂的粒径分布均匀，且粒径范围很小，结构松散，在外界荷载作用下，很容易变形。

（2）粉细砂土体主要靠取决于粒间法向压力的粒间摩擦力维持本身稳定和承载能力。

（3）在饱和水情况下，粉细砂在荷载作用下的变形速率加大，按变形控制的承载力较低。

（4）粉细砂渗透系数一般为 $1.2\times10^{-3}\sim6.0\times10^{-3}$cm/s，属于中等透水性。天然沉积粉细砂水平向渗透系数明显大于垂直向渗透系数。

1.1.2 天然含水率

在天然状态下，气候干燥地区，位于地表的粉细砂含水率很低。随着埋藏深度的增加，粉细砂的含水率在浅层 2~5m 的范围以及中部 5~8m 的范围均呈先增后减的变化趋势，含水率在 2.2% 左右，如图 1-1 所示。

不同的气候条件下，粉细砂含水率变化较大，同时受大气降水和地下潜水位的影响。

1.1.3 重度

粉细砂的干重度值介于 $14.3\sim15.5$kN/m³ 之间，平均值为 14.90kN/m³。湿重度值介于 $15.3\sim16.0$kN/m³，平均值为 15.65kN/m³。如图 1-2 所示。

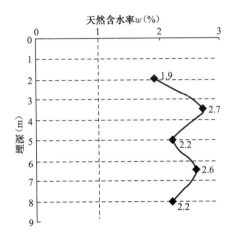

图 1-1　粉细砂天然含水率随埋藏深度变化曲线

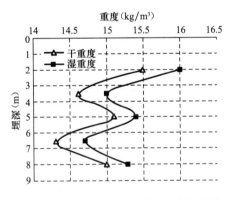

图 1-2　粉细砂重度随埋藏深度变化曲线

1.1.4　孔隙比

由于历史成因不同,砂土存在的密实度可能会差别很大,松散状态与密实状态砂会表现出截然不同的力学特性,在较低围压作用下,松砂为剪缩,而密砂为剪胀。

粉细砂的孔隙比一般在 0.6~0.85 之间，如图 1-3 所示，随埋藏深度的增加，在浅层 2~5m 的范围以及中部 5~8m 的范围均呈先增后减的变化趋势，但孔隙比不超过 0.85。

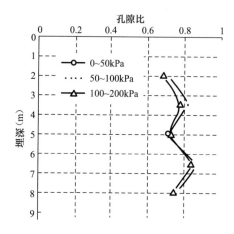

图 1-3 粉细砂孔隙比随埋藏深度变化曲线

这里列举几处粉细砂试样的基本性质试验结果。表 1-1 取自武汉长江隧道工程施工场地内，粉细砂$⑤_1$：灰~青灰色，含有机质及云母，夹薄层粉土及粉质粘土，呈饱和、稍密状态；粉细砂$⑤_2$：灰~青灰色，含有机质及云母，偶夹薄层粉土及粉质粘土，呈饱和、中密状态。

它们的颗粒组成见表 1-1，最大干密度、最小干密度及试验控制干密度见表 1-2。

粉细砂颗粒组成　　　　　　　　表 1-1

粒径（mm）	>0.25	0.25~0.075	0.075~0.05	0.05~0.005	<0.005	D_{50}	C_u
$⑤_1$	6.9	59.39	18.04	15.58	6.06	0.09	5.88
$⑤_2$	12.74	66.35	9.1	9.9	2.69	0.15	6.64

最大干密度、最小干密度及试验控制干密度　　　　表 1-2

试样	最大干密度 (g·cm^{-3})	最小干密度 (g·cm^{-3})	试验控制干密度 D_r=40%	试验控制干密度 D_r=50%	试验控制干密度 D_r=60%
⑤$_1$	1.58	1.25	1.38	1.42	1.45
⑤$_2$	1.7	1.37	1.5	1.54	1.57

表 1-3 为粉细砂颗分及定名试验，取自于西霞院坝基，位于小浪底水利枢纽工程下游 16km 处。

颗分试验结果　　　　表 1-3

编号	取样深度 (m)	室内定名	颗粒组成（%）					
			砂粒 (mm)			粉粒 (mm)		粘粒 (mm)
			0.5~2	0.25~0.5	0.075~0.25	0.05~0.075	0.005~0.05	<0.005
北 K3	1.1	极细砂		7.7	53.6	21.1	12.4	5.2
北 K4	0.8	极细砂		5.7	47.0	24.7	17.1	5.5
南 K5	1.2	极细砂	15.3	22.0	33.0	12.6	11.7	5.5

北京地区新街口及芍药居等地铁隧道粉细砂样品的粒径分布如图 1-4、图 1-5 所示。

图 1-4 为在芍药居地下隧道工地所取粉细砂样，可见此处粉细砂颗粒的分布较为均一，平均粒径为 118.64μm，D_{90} 为 213.61μm。比表面积为 0.2645m^2/g。

图 1-5 是在新街口地铁工地所取粉细砂样，该粉细砂样的粒径分布范围略大于图 1-4，但是相对来讲分布也比较集中。D_{50} 为 137.74μm，D_{90} 为 272.09μm。比表面积为 0.3579m^2/g。

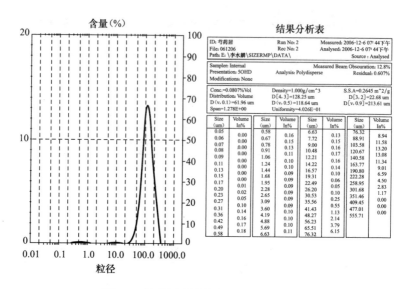

图 1-4　芍药居地铁粉细砂的粒径分布图

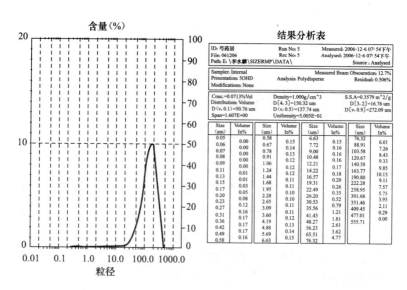

图 1-5　新街口地铁粉细砂的粒径分布图

1.2　粉细砂的工程性质

粉细砂土的工程性质介于砂性土与粘性土之间，在天然状态下，结构松散，密度也较低，在自重的作用下即可压密，埋深较大的粉细砂层，密度也较大。在有水的粉细砂地层，内摩擦角也很大，由以往的工程实践和实验室试验，总结出粉细砂土以下主要的工程性质：

（1）粉细砂的粒径分布均匀，且粒径范围很小，结构松散，在外界荷载作用下，很容易变形。受中心荷载时，易发生均匀沉降，受偏压时，发生不均匀沉降，承载力很差，其破坏的范围也较中心荷载作用时大。由于粉细砂土的结构松散，在破坏滑移时往往是瞬间的、突然的。

（2）粉细砂土体主要靠取决于粒间法向压力的粒间摩擦力维持本身稳定和承载能力。所以在受剪力的作用下土体很容易失稳，使得土颗粒重新排列，趋于密实。

所以粒间压力有助于稳定；粒间的剪力则引起变形、位移。通过三轴固结不排水剪切试验得出，粉细砂土体的总应力下的抗剪强度指标（粘聚力和内摩擦角）与有效应力下抗剪强度指标（粘聚力和内摩擦角）很接近，表明粉细砂排水消散孔隙水的固结速率较快。

在一定荷载作用下，随着固结度提高，抗剪强度逐渐增长，且增长幅度较大。受荷速率较大，孔隙比大于临界孔隙比的饱和粉细砂很快变形，而孔隙排水又滞后，土中应力大部分由孔隙水承担，形成孔隙水压力，剪切面上的有效应力很小，强度很低，甚至诱发剪切液化。粗砂的孔隙水压力达到最大值后，便立即开始减小；而粉细砂在初始液化发生后的最大孔隙水压力，能随加荷速率增加而保持常值。

（3）在被水饱和情况下，粉细砂在荷载作用下的变形速率加大，而变形控制的承载力较低。若加荷速率过快，会产生一定的孔隙水压力，变形速率加快。粉细砂遇水即饱和，失去结构凝聚力，湿化崩解时间不到 1 分钟；其自然休止角由非饱和状态的 $33.8°\sim37.3°$，降为水下状态的 $26.6°\sim27.1°$。出水或局部受压时，粉细砂所含的水分也易析出，强度相应增长。

（4）粉细砂渗透系数一般为 $1.2\times10^{-3}\sim6.0\times10^{-3}\text{cm/s}$，属于中等透水性。天然沉积粉细砂水平向渗透系数明显大于垂直向渗透系数。粉细砂不均匀系数一般不大于 5，渗透破坏形式主要为流土，继后产生流沙现象。均匀疏松的粉细砂会产生特有的流土现象，在初始阶段，地表出现小泉涌及冒泡，接着出现大面积地表向上鼓起，继之迅速浮动，产生渗透液化现象。

（5）饱和粉细砂在往复剪切作用下，会瞬间发生滑移破坏，孔隙体积减小，趋于振密，而不可压缩的孔隙水一时不能及时排出，导致孔隙水压力（超静水压力）骤然上升，使通过砂土颗粒间互相接触所传递的接触压力大大减少，摩擦阻力随之减小。当孔隙水压力上升到等于上覆压力时，接触完全消失，抗剪强度也随之丧失，粉细砂从散粒状态转变为黏滞流体状态，产生振动液化流动现象。

1.2.1 颗粒级配的影响

粉细砂工程性质主要取决于其密实程度，这里列举用重型压实标准提高砂土的密实度。实验结果如图 1-6 所示。

从图 1-6 可以看到：

（1）在含水量较小时，干密度偏小，表明在含水量较低时，砂土难以压密实，随着含水量的增加，干密度开始逐渐增大。

（2）级配不良的粉土质砂的击实曲线并不像普通细粒土的击实曲线是一个单峰值曲线，它是一个双峰值曲线。干密度随着含水量的逐渐增大呈现先减小，后增大，再减小的规律。

这主要是由于级配不良的粉土质砂本身所决定的。通常，土

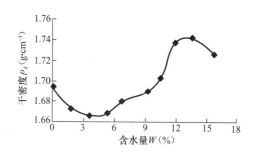

图 1-6 粉细砂（滹沱河）重型击实曲线

在压实过程中，主要克服颗粒间的摩擦阻力，对于砂土来说，干砂状态下，砂土几乎没有粘聚力，主要为砂土颗粒之间的摩擦，颗粒易于移动；含水量小时，水膜所产生的似凝聚力，砂土的密实需要考虑颗粒间的似凝聚力和相互移动产生的摩擦力双重影响。砂土颗粒的分选性较好，颗粒基本成圆球状，咬合力也小，故其颗粒间重新排列，不仅靠竖向锤击作用，也靠击实过程中的振动作用，而细粒土是以竖向锤击作用为主。击实试验时，砂层受到振动力的作用，由于力是以振动波的形式进行传递，使砂土颗粒产生跳跃式位移，而这种唯一也是朝着最稳定的方向发展（空隙中），使颗粒排列更为紧密；当含水量越来越高，水膜也越来越厚，似凝聚力增大，黏滞性增强，影响了波动效果，就使颗粒移动产生困难，也就难以达到最佳密实效果；含水量继续增大，砂土接近饱和，由于砂土有良好的透水性，在击实作用下，使水向着孔隙方向流动，带动砂土颗粒向孔隙方向位移，从而促进砂土的定向排列，使砂土变密实。

由于砂土的级配不良，颗粒间相互填充困难，击实后孔隙比仍然较大，故其最大干密度也就比较小，一般在 1.71~1.76g/cm³，比一般细粒土小得多。图 1-6 为砂土（滹沱河）级配不良的粉细砂，不均匀系数在 2.4~4.2 之间，曲率系数在 0.5~0.9 之间，属于级配不良砂土，表明砂土中有粒径缺失，其压实效果很差。粉粘粒含量较少，表明砂颗粒表面活性低，无粘聚性，松散性强，水稳性好。

振动压实对粉细砂击实效果要优于重型击实,因此,振动压实能得到比重型击实更大的干密度值。

但在不同含水量状态,其值是变化的,现场压实时,应结合现场条件合理选取最大干密度和最优含水量控制指标。

1.2.2 细粒含量的影响

自然界广泛分布着含细粒的砂性土,砂粒形状、细粒和砂粒的相互接触作用以及细粒对颗粒级配影响等因素必然会在土体的强度和变形上反映出来。可以推断,简单地将纯净砂的规律性经验推广到工程中,必然引起强度过高或不足,设计过于冒险或是保守等问题的出现。因而基于细粒含量,并由此引起颗粒级配差异对于含细粒砂强度的研究具有理论意义和现实价值。

Thevamayagam 等的研究表明,粉砂、砂质粉土与纯砂的物理特性均有较大差别,这主要是由于微结构的改变引起的,这种改变在粉粒含量超过一定值(称为 I 临界含量)时才会发生作用,且该临界含量 I 是与砂骨架和粉粒的孔隙比、矿物成分、形状等物理特征密切相关的。

总体上讲,国外考虑较多的是细粒(包括无塑性粉粒和粘粒)对圆形石英砂的强度特性影响,而国内则着眼于粘粒对砂粒液化强度的影响,但对于无塑性粉粒对片状砂颗粒影响的研究还鲜有报道。我国长江中下游地区广泛分布着片状砂颗粒,故而考虑粉粒含量影响下的片状砂强度特性具有明显的工程实际意义。

表 1-4 试验所用土样均取自南京河西地区的片状粉细砂。制备试样前对所需使用的砂粒和粉粒预先进行了分选,土样经风干后过孔径 0.25mm 和 0.075mm 筛,选取粒径在 0.075~0.25mm 范围内的砂粒为骨架砂,粉粒为从筛选下的粒径小于 0.075mm 的细粒。试验所用重塑样由砂粒与不同量的粉粒重新配制而成,掺入的粉粒含量(占土样总质量)分别为 0、3%、6%、9%、12% 和 15%(以下为表述方便,以 FC0、FC3、FC6、FC9、

FC12 和 FC15 表示各含量试样）。

粉细砂试样的基本物理力学性质指标 表 1-4

细粒含量（%）	比重 G_s	不均匀系数 C_u	干密度（g·cm^{-3}）	
			最大值	最小值
0	2.709	1.547	1.583	1.278
3	2.709	1.568	1.602	1.271
6	2.711	1.685	1.605	1.267
9	2.712	1.957	1.623	1.284
12	2.712	2.373	1.641	1.265
15	2.714	2.719	1.682	1.228

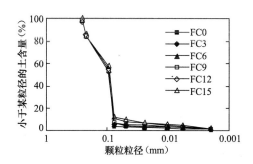

图 1-7 各粉细砂试样的颗粒级配曲线

细粒的掺入必然使试样物理性质发生了一系列变化，表 1-4 为各粉细砂试样的基本物理力学性质指标，图 1-7 为各试样的颗粒级配曲线。

由图 1-7 和表 1-4 可见，粉粒的加入未使土粒比重发生明显的变化，但对干密度等物理状态指标还是存在影响的。

（1）在粉粒含量为 6%、9% 和 12% 时，松散粉砂土出现了静态液化现象，表现为在轴向变形不到 1% 时偏应力即达到了峰值，而后随着轴变的加大，偏应力急剧降低，最终接近于 0，对应的孔压均上升至围压，而当粉粒含量和围压增加时则静态液化消失。

(2) 在松散状态下（$P=1.07\text{MPa}\pm 0.005\text{MPa}$），各含量粉细砂均表现出典型应变软化的强度特征。与纯净砂相比，它们的峰值内摩擦角和残余内摩擦角间变化较大。在 FC9 之前，峰值内摩擦角随着粉粒含量增加而降低，其后却随着粉粒含量增加而增加；各粉细砂残余有效内摩擦角变化不大，但均高于纯净砂；FC6 和 FC9 的残余总应力指标最低，反映出孔压增长的很大，接近了相应的围压。

(3) 在同一含量下，残余内摩擦角高于峰值内摩擦角，但残余偏应力都偏小。这是由于孔压增长率过大，抵消了内摩擦角由 ϕ_p' 提高到 ϕ_t' 的有利影响。

(4) 稳态线受粉粒含量的影响是存在的。随着粉粒含量的增加，稳态线逐渐向下移动。同时也看出了各粉细砂对围压的敏感性强于纯净砂。

(5) 与强度特征对粉粒含量具有强烈的敏感性不同的是，粉粒对孔隙比的影响是在含量超出一定范围后才变得显著。这说明当粉粒加入到砂骨架中时，很大一部分并未充填在砂骨架的孔隙中，而是在砂粒间的接触点或面上，这样的接触关系导致了粉砂样具有较高的体缩性，从而使偏应力随轴向变形在达到峰值后呈下降趋势。故而其应力应变关系为典型的应变软化型。

当初始密度和围压一定时，不同中主应力系数使得粉细砂的强度不同，但并非强度总是随着中主应力系数的增加而增大的。总体上来说，随着中主应力从小主应力开始逐渐增加，砂土的强度也有所增加，但当接近大主应力时，又会有略微降低。

1.2.3　含不同粘土矿物的水敏性

取上述砂样，按照：0、1.5%、2%、3%、4%、5%、7.5%、10% 和 12% 的比例（质量比）加入高岭土并混合均匀。另取同样砂样按上述比例分别加入蒙脱石和伊利石。然后将砂与单一粘土矿物混合样分别装入长 25cm，直径为 2.4 cm 有机玻璃管中，同时用 Vortex、Genie 振动装置轻轻振摇，到完全混合均匀为止，此时土柱的密度在 1.57g/cm³ 左右。将装好的土柱水平放置。保持砂柱入水口的水头高度为 30cm。将所有土柱与供水容器相连（3组平行样，两用一备），通过水压排气并饱和 24h。试验中，要求水流同时流入渗流柱内以保证试验条件的统一性。用直径 0.5cm，体积 5mL 和 10mL，直径 1cm，体积 25mL 的试管收集流出液。试验过程分为两部分：首先向砂柱通入海水至流量和电导率值稳定，并求算渗透系数；然后改用淡水冲洗海水进行驱替试验，并求算流出液流量和电导率值稳定时的渗透系数。试验过程中即时记录流出液体积、水头压力损失和电导率变化，并对咸水流出液的渗透系数计算进行密度修正。

图 1-8 和图 1-9 分别对不同粘土矿物、砂体系在淡水、海水和海水、淡水（水敏感性）过程中渗透性的变化进行了描述，可以看出，不同粘土、砂样混合体系在连续的淡水、海水、淡水冲洗、发生水敏性的过程中，高岭土和伊利石含量对砂柱渗透性的影响变化较为一致且效果不大，而蒙脱石对砂柱渗透性的影响效果则相当剧烈。

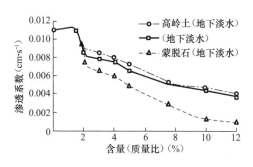

图 1-8 淡水冲洗过程中粘土矿物—砂样体系的渗透系数变化

（1）当混合体系中的黏性颗粒的含量（质量）小于 1.5% 时，单纯通入淡水和海水，它们之间的渗透性并没有发生明显的

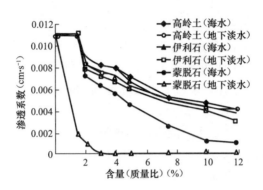

图 1-9 水敏性过程中粘土矿物—砂样体系的渗透系数变化

变化。粘土含量从 1.5% 增加到 7.5%，蒙脱石-砂样体系的渗透系数下降了约一个数量级，伊利石-砂样和高岭土—砂样体系渗透系数的降低幅度约是前者的一半（图 1-8、图 1-9）；

（2）当用地下淡水驱替砂柱中的海水时，蒙脱石-砂样体系的渗透系数急剧下降，且变化幅度随着粘土矿物（蒙脱石）含量的升高而增大。砂柱中蒙脱石矿物含量为 4% 和 7.5% 时，其渗透系数分别下降到 $1×10^{-9}$ 和 0cm/s。而用淡水进行冲洗伊利石-砂样体系和高岭石-砂样体系时，渗透系数并没有发生较明显的下降（图 1-9）。

试验过程中，海水驱替淡水的过程中，砂柱渗透性几乎没有变化。导致蒙脱石、高岭土和伊利石对土—水系统的渗透性产生不同影响的根本原因在于它们的晶体结构不同。在试验的第一阶段（单纯海水），粘土矿物的加入减少了砂层的孔隙体积，导致其渗透系数下降，砂层中粘土的成分越多，则渗透系数越低。在高岭土—砂样混合体系中，直径 $12\mu m$ 左右的单个粘粒可随水流自由通过并迁移，而 $20\mu m$ 左右的粘粒则多形成卷状或积聚起来，进入骨架颗粒连接处的孔隙（架桥作用），成为土体骨架的一部分。以上作用使得实际过水断面面积减小，表现为砂柱渗透性下降，称为动态渗透系数下降。XRD（X Ray Diffraction）和电镜分析结果亦显示,高岭土大都离散开并松散的附着在孔隙壁上,或作为粒间的填充物。伊利石和蒙脱石则大多成为颗粒连接体,它们紧紧粘附于颗粒壁上,形成了连续并紧密联系的粘粒"外衣"(Coating)。当水进入此砂样粘土系统时,每一个粘土颗粒周围会吸附并形成一层水膜,从而产生静态的渗透系数下降。但由于晶体结构不同,蒙脱石和伊利石形成水膜的厚度不同,故蒙脱石导致的静态渗透系数下降效果更明显。同时,蒙脱石作为反应性的粘土颗粒,在淡水驱替海水过程会引起晶体膨胀和絮凝作用,导致粘土胶团体积变大,形成具有宾汉屈服值的大胶团,使得含水介质呈现对数级的动态渗透系数下降,这也是蒙脱石砂样体系水敏性大大超过伊利石砂样体系和高岭土砂样体系的原因。

蒙脱石对粉细砂水敏性特征的影响远比高岭土和伊利石的明显和剧烈,含有4%左右蒙脱石的蒙脱石—砂样体系,其渗透系数几乎为零,可利用此特性在滨海地区建立地下防渗帷幕,防止海水入侵。

1.2.4 初始固结应力的影响

不同初始固结应力对砂土的变形特性影响很大,低围压作用下,密砂剪胀,松砂剪缩;而高围压作用下,不同密实度砂土基本都表现为剪缩。

在过去一般的常规动三轴试验中。往往以等压固结来进行,这里通过对原状粉细砂和重塑粉细砂的振动三轴试验的结果对比及分析,探讨了粉细砂的固结历史对动强度的影响。试验结果表明,原状粉细砂与重塑粉细砂的动强度特性在大应变条件下有明显差异。而重塑粉细砂因固结历史不同,其动强度也产生了较大的差异,事实上,固结历史不同所造成的动强度差异也是由于固结过程中所经历的结构调整不同的缘故。

目前很多资料表明,多数原状结构的砂土的抗液化强度大于相同密度的重塑试样。这说明天然形成和重塑的试样在结构上存在一定的差异。因此我们试图说明固结历史对饱和粉细砂动强度的影响。

由原状粉细砂和重塑粉细砂的结果比较来看，在等压固结条件下重塑粉细砂的抗液化强度约为原状粉细砂的 2/3。在 K_0 固结条件下重塑粉细砂的抗液化强度约为原状粉细砂的 1/4。由原状粉细砂和第二组重塑粉细砂的结果比较来看，重塑粉细砂的抗液化强度在等压固结条件下和 K_0 固结条件下均约为原状粉细砂的 1/2 左右。显然，原状粉细砂和第一组重塑粉细砂的抗液化强度的差别反映的是结构性和固结应力历史的综合影响。而第二组重塑粉细砂在考虑模拟原状粉细砂实际的固结历史之后。在很大程度上消除了因固结历史不同而造成的那部分差别。由于固结应力历史的不同，使两组重塑粉细砂的抗液化强度差异比较明显。第二组重塑粉细砂在 K_0 固结条件下的抗液化强度明显增高，而在等压固结条件下的抗液化强度则有所降低。而且，两组重塑粉细砂在相同轴向固结应力条件下等压固结和 K 固结时的抗液化强度比较，则呈现了相反的结果。

多数原状结构的砂土的抗液化强度大于相同密度的重塑试样固结历史对饱和粉细砂的动强度影响是显著的，在用重塑粉细砂进行动强度试验时，如不考虑原状粉细砂实际的固结历史而用常规固结方法进行试验，所得到的等压固结和 K 固结时的抗液化强度及动强度指标会产生不合理的结果，使 K_0 固结时的抗液化强度明显偏低。而考虑了原状粉细砂实际固结历史进行试验时，则使重塑粉细砂在等压固结和 K_0 固结时的抗液化强度较原状粉细砂的降低幅度相近，这样经过修正将能得到较合理的指标。

因此，在取不到原状样而必须用重塑样来进行动强度试验时，必须考虑实际固结历史的影响。

1.2.5 不同结构的动弹模与动弹应变

目前对液化机理的认识存在着两种不同的观点，分别从液化的应力状态和土体位移、变形的角度出发：第一种观点即土的法向有效应力 $\sigma=0$，土不具有任何抵抗剪切的能力，液化过程需要出现初始液化状态，然后在土的动荷作用下初始液化状态逐渐积累而发生液化破坏；而另一种观点则认为不需要有初始液化状态（应力条件），土体由于结构破坏和孔压上升而引起强弱化，出现具有液化状态的流动破坏，就认为土体已经液化。

通过对砂土的一系列动三轴试验结果的分析，发现在大应变时，砂土的动弹模与动弹应变的关系与土本身的结构性相关，而与砂土所处的应力状态无关，它们之间的关系可用幂函数拟合。大应变情况下，土的阻尼比与动应变的关系不再是随动应变的增大而增大，而恰恰相反，随动应变的增大而减小，这主要是由于大应变时滞回圈已经发生了畸变。其定量的关系需要进一步研究。在液化发生后，动残余模量与固结应力有关，在有限元计算时，不能笼统地以一极小的动残余模量代替。动残余模量与固结应力关系可用一经验公式定量描述。

参考文献

[1] 朱建群，孔令伟，钟方杰. 粉粒含量对砂土强度特性的影响. 岩土工程学报, 2007 年 11 月, 第 29 卷第 11 期.
[2] 韩志勇, 郑西来，陈继红、杨洮. 粉细砂水敏性试验研究. 水科学进展, 第 19 卷第 5 期, 2008 年 9 月.
[3] 齐放，肖莲芙，孟莹，胡奎彬. 固结历史对饱和粉细砂动强度的影响. 吉林地质, 2008, 27（3）.
[4] 马少海. 滹沱河粉细砂的击实特性实验研究初探. 石家庄铁道学院学报, 2009, 22（2）.

2 浅埋暗挖法注浆加固技术

注浆法是我们同地下灾害作斗争较普遍和较有效的方法之一。地层注浆法的实质通常是以钻机钻孔、注浆泵加压，把某些配置好并能固化的具有充塞胶结性能的浆液，通过钻孔注入各种不同的地层中，浆液以充填、渗透、劈裂等形式驱走岩土裂隙中的水并充填裂隙以达到封堵裂隙隔绝灾源，从而起到永久性堵水和岩土加固的作用。

注浆法的分类方法有很多，按照注浆工作面与巷井掘砌及地层的先后时间顺序，分为预注浆和后注浆；按照浆液的注入形态，注浆施工分为渗透注浆、劈裂注浆、压密注浆、旋喷注浆和充填注浆等；按照注浆的目的，又可以分为防治水注浆、防渗加固注浆；按照浆液分类，分为粒状浆液和化学浆液；按照浆材的混合形式，分为单液单系统、双液单系统、同步注入双液双系统以及交替注入双液双系统。

由于向地层中注浆是一种隐蔽性的工程，注入的浆材难以直接观察，因而注浆效果的检验往往同人们的技术熟练程度和正确的施工方法有关，很多实际的工程实例证明，即使相同的岩土水文地质条件，采用相同的注浆方法，但由于技术熟练程度和施工技术人员的素质差异，所取得的注浆堵水及加固效果往往也是有很大差异的。

为正确进行注浆的设计与施工，必须先要弄清注浆的机理，才能选择正确的注浆方法，取得最佳的注浆效果。

2.1 粉细砂地层注浆加固机理

由粉细砂的工程特性可知，粉细砂遇水饱和后极易失去结构凝聚力，湿化崩解迅速且砂土体受卸载作用往往会沿结构疏松的滑动面呈整体的滑动，继而发生坍塌、塌方等事故。因而在此种地质条件下修建隧道应进行注浆加固，通过注浆把松散的粉细砂扰动变得致密、均匀，从而有利于减少滑动面的产生；另外，通过注浆还可以使砂土体中一定量的孔隙水排除，使固结度逐渐提高，抗剪强度逐渐增长。通过注浆增强砂土的摩擦角，减小渗透系数，改变地层的性质，以确保隧道开挖时不坍塌，不发生突水、涌砂现象。

从注浆实际发生的过程来看，注浆是挤密、劈裂、渗透的复合过程。对于土体空隙较大，渗透性较好时（如中粗砂），在注浆压力作用下，大都发生渗透过程。土体空隙较小，渗透性较差时，在注浆压力的作用下，渗透过程伴随发生劈裂，而渗透半径的大小取决于土体劈裂开展的范围（劈裂增大了渗透性）。

浆液在粉细砂地层中的流动是复杂多变的，它不仅受到地质条件的影响，而且受注浆材料、注浆参数等因素的影响；对同一种砂层，注浆加固过程中浆液在上述因素作用下，伴有渗透、劈裂等流动形式，但在一定条件下，总是以某种单一形式流动为主。

粉细砂地层的注浆特点是地层变形大，挤密强化作用小。粉细砂地层注浆时，注浆材料作用与地层产生地层变形，形成地层的破坏效果。粉细砂地层注浆的另一特点是注浆材料极易压力泌水、水灰比变化、注浆材料的使用性能变化。粉细砂地层注浆要求注浆材料在地层中形成致密的脉状结构，相同的使用性能，如此才能产生较好的加固效果。

在粉细砂体中注浆，浆液能被注入，对地层条件有所改善，通过注浆这种手段来配合隧道的掘进是可行的。浆液注入仍有相当难度，由于浆液渗透困难，加固机理以渗透、劈裂、挤压地层为主。这种劈裂渗透注浆的作用机理是：

（1）使浆脉周边的土体受到挤密和压实的作用，从而改善土体的强度和减小渗透系数,这是一种综合效果。

(2) 浆脉自身硬化,形成凝结体与土体构成一种复合土体,但作用较小,欲形成复合土体,则只能靠溶液型浆液采用渗透注浆时效果才明显,但形成的浆脉强度很低。

(3) 浆液在进入地层时的劈裂,首先进入砂性土的弱部位,因为那里对浆液的阻力相对小,然后再劈裂进入其他土体部位。这些弱部位土体得到改善和加强是很有利的。

(4) 注浆材料特别是细颗粒浆液能够进入渗水通道,在压力作用下,浆液沿渗水通道到达远处。堵塞水的通道,待其固结后,再继续注浆则会在所定范围内形成劈裂脉加固土体。

2.1.1 可注性理论

注浆前首先要考虑岩土介质能否注进浆液,浆液在注入过程中流动性有何变化。岩土介质的可注性就是研究岩土介质能否让何种浆液渗入其空隙和裂隙的可能性,它既取决于岩土介质的渗透性,又取决于浆液的粒度和流变性,还与渗径结构有关。不同的渗径结构具有不同的渗透几何系数(粒状介质的颗粒有效直径、空隙直径)。

化学浆液(溶液型),理论上可以进入任意小的空隙,但实际上,细颗粒的砂土地层的空隙很小,浆液的黏度很大,浆液在空隙内流动速度将会很慢,扩散范围很小,甚至注不进去。

颗粒悬浊浆液,当浆材颗粒直径大于土颗粒间空隙的有效直径或岩层裂隙宽度时,在注入过程中,浆液中粗颗粒在注浆管口附近或岩缝口形成滤层,使其他较小的颗粒无法注进地层。

土体是由粗细不同的颗粒组成,对于粉粒以上粒状土,粒间没有或仅有微小的联结力,土粒相互堆积在一起,形成散粒状结构,称为粒状介质。实际土体为不均匀体,在确定颗粒有效直径时,不仅土颗粒大小起作用,而且粗细颗粒之间小颗粒分布的均匀程度也起作用。

工程中常用的注浆材料主要为粒状浆液。对于粒状介质，可注性用可注比来表示：

$$D_{15}/G_{85} \geqslant 15 \quad (2-1)$$

$$D_{10}/G_{95} \geqslant 8 \quad (2-2)$$

式中 D_{15}、D_{10}——地层土颗粒在粒度分析曲线上占15%、10%的对应直径；

G_{85}、G_{95}——注浆材料在粒度分析曲线上占85%、95%的对应直径。

这是一个纯理论公式。试验和大量的实践资料都表明，在理论上即使是细砂层可注的，但实际均匀渗透的距离却非常小。而且显而易见，按式（2-2）计算不可能把砂土的所有空隙都填满，其注浆效果是有局限性的。

2.1.2 浆液的流变性

浆液在缝隙中流动时，浆液内部及浆液与孔壁之间将产生一定的摩阻力，这种摩阻力的形式和大小，也就是浆液的流变特性，是影响可注性的另一重要因素。浆液的黏度决定着浆液在地层孔隙中的流动速度和渗透距离。有研究已证明，浆液在砂层中的流动速度和渗入距离反比于浆液的平均黏度。有些浆液具有易流动性，静止时不能承受切力抵抗剪切变形，但在运动状态下，浆液就具有抵抗剪切变形的能力，即黏滞性。在剪切变形过程中，浆体质点之间存在着相对运动，使浆体内部出现成对的切力，其作用是抗拒浆体内部的相对运动，从而影响着浆体的运动状态。由于这种黏滞性的存在，浆液在运动中要克服内摩擦力而做功。

牛顿流体是典型的黏性流体，其流变曲线是通过原点的直线，方程表达式为：

$$\tau = \mu \cdot \gamma \quad (2-3)$$

式中 τ——剪切应力（Pa）；

γ——剪切速率或流速梯度（s^{-1}）；

μ——牛顿黏度或动力黏度，黏度系数（mPa·s）。

牛顿流体浆液的流动性主要受黏滞性控制。当压力一定时，浆液在均质土中的流动速度随扩散半径 r 增大而减小。

宾汉姆流体是典型的塑性流体，其流变曲线是不通过原点的直线。流体具有这种性质是由于流体含有一定的颗粒浓度，在静止状态下形成颗粒间的内部结构。在外部施加的剪切力很小时，浆液才会发生类似固体的弹性。当剪切力达到破坏结构后（超过内聚力），浆液才会发生类似牛顿流体的流动，浆液的这种性质称为塑性。宾汉姆流体的流变方程表示为：

$$\tau = \tau_n + \mu_p \cdot \gamma \qquad (2-4)$$

式中　τ_n——静切力或剪断强度或宾汉姆塑变值（Pa）；

μ_p——塑性黏度（Pa·s 或 mPa·s）。

可见，宾汉姆流体比牛顿流体具有较高的流动阻力，对宾汉姆流体注浆需要较大的压力，浆液才能扩散较远，而且很难进入细小缝隙。牛顿流体是单相的均匀体系，水和多数化学浆液以及比较稀的水泥浆液属于牛顿流体。宾汉姆流体是具有固相颗粒的非均匀流体（泥浆、水泥浆），其屈服值与液体中各颗粒间的静电引力有关，它是悬浮液的典型特征。

水泥浆由牛顿流体转变为宾汉姆流体的临界水灰比发生在 W/C 接近于 1 处。水灰比大于 1 属于牛顿流体，小于 1 为宾汉姆流体。

2.1.2.1　浆液渗透扩散理论

Maag 首先推出了浆液在砂、土层中的渗透公式，在推导时，Maag 作了一些假设，因为注浆浆液的黏度是不断变化的，受注地层都是不均质的，注浆孔也是不规则的。Maag 在推导公式时，将问题理想为黏度一定、土层均质、浆源形状规则和浆液为牛顿流体。这样，浆液在较低的注浆压力下，是可以进行渗透注浆的，满足渗透理论。

近几十年来，国内外学者对渗透注浆法进行了深入研究，提出和发展了一系列的注浆理论，目前主要的渗透注浆理论有球形扩散理论和柱状扩散理论。

（1）球形扩散理论。

Maag（1938）提出了简化的球形扩散计算模型，如图 2-1 所示。

在计算中，Maag 假定：

1）土体均匀、各向同性；
2）浆液为牛顿流体；
3）浆液从注浆管底部注入土层中；
4）浆液在土体中呈球形扩散。

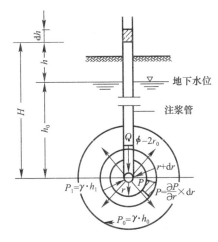

图 2-1 渗透注浆球形扩散示意图

根据达西定律，浆液扩散速度：

$$V = K_i = \frac{k}{\beta} i = \frac{k}{\beta} \frac{-\mathrm{d}h}{\mathrm{d}r} \tag{2-5}$$

注浆量为

$$Q = KAt = 4\pi r^2 \frac{k}{\beta} \frac{-\mathrm{d}h}{\mathrm{d}r} t \tag{2-6}$$

式中，K、k——浆液和水在地层中的渗透系数（m/d）；
Q——注浆量（m³）；
β——浆液黏度和水的黏度比。因此

$$-\mathrm{d}h = \frac{Q\beta}{4\pi r^2 kt}\mathrm{d}r \tag{2-7}$$

积分后得

$$h = \frac{Q\beta}{4\pi kt}\frac{1}{r} + C \tag{2-8}$$

式中 C——积分常数。
边界条件，当 $r=r_0$ 时，$h=H$；$r=r_1$ 时，$h=h_0$，代入上式得注浆量

$$H - h_0 = \frac{Q\beta}{4\pi kt}\left(\frac{1}{r_0} - \frac{1}{r}\right) \tag{2-9}$$

$$Q = \frac{4}{3}\pi r_1^3 n \tag{2-10}$$

式中 n——地层孔隙率。

$$h_1 = H - h_0$$

$$h_1 = \frac{r_1^3 \beta\left(\frac{1}{r_0} - \frac{1}{r}\right)}{3kt} \tag{2-11}$$

所以

$$h_1 = \frac{r_1^3 \beta n}{3ktr_0} \tag{2-12}$$

因此

$$t = \frac{r_1^3 \beta n}{3kh_1 r_0} \tag{2-13}$$

$$r_1 = \sqrt[3]{\frac{3ktr_0 h_1}{\beta n}} \tag{2-14}$$

（2）柱状扩散理论。

柱状扩散理论假设浆液从注浆管的某一段向土层呈柱状扩散，计算简图如图 2-2 所示。

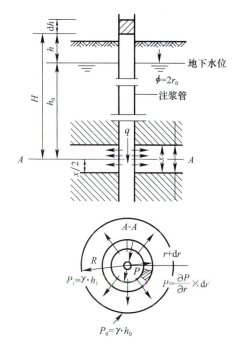

图 2-2 渗透注浆柱状扩散示意图

根据达西定律,浆液扩散速度:

$$V = Ki = \frac{k}{\beta}i = \frac{k}{\beta}\frac{-\mathrm{d}h}{\mathrm{d}r} \quad (2\text{-}15)$$

式中 K、k——浆液和水在地层中的渗透系数(m/d);
β——浆液黏度和水的黏度比。

注浆量为

$$Q = KAt = 2\pi r \frac{k}{\beta}\frac{-\mathrm{d}h}{\mathrm{d}r}t \quad (2\text{-}16)$$

因此

$$-\mathrm{d}h = \frac{Q\beta}{2\pi rkt}\mathrm{d}r \quad (2\text{-}17)$$

积分后得

$$h = -\frac{Q\beta \ln r}{2\pi rkt} + C \qquad (2\text{-}18)$$

边界条件：当 $r=r_0$ 时，$h=H$；
$\qquad\qquad r=r_1$ 时，$h=h_0$；

代入上式，

$$H - h_0 = \frac{Q\beta}{2\pi kt} \ln \frac{r}{r_0} \qquad (2\text{-}19)$$

注浆量

$$Q = \pi r_1^2 n \qquad (2\text{-}20)$$

$$h_1 = H - h_0 \qquad (2\text{-}21)$$

$$h_1 = \frac{n\beta r_1^2 \ln \dfrac{r}{r_0}}{2kt} \qquad (2\text{-}22)$$

所以

$$t = \frac{n\beta r_1^2 \ln \dfrac{r}{r_0}}{2kh_1} \qquad (2\text{-}23)$$

$$r_1 = \sqrt{\frac{2kh_1 t}{n\beta \ln \dfrac{r}{r_0}}} \qquad (2\text{-}24)$$

2.1.2.2 浆液劈裂渗透理论

在粉细砂地层进行渗透注浆过程中，只要保持注浆压力和浆液的黏度不变，都是符合渗透理论的。但是，在注浆过程中，浆液不可能一直扩散，即使增加注浆压力，浆液也不会继续扩散，这时，注浆压力的增大，会使土层之间产生劈裂，此时为劈裂渗透。

粉细砂地层大多数具有潜在的液化趋势，由于粉细砂地层的土颗粒比较小，天然的孔隙比较大，渗透系数比较低，排水条件比较差，超静水压力不易消散，在很小的渗流量或周期应力的作用下就会液化。液化后的砂层在脉冲射流的作用下可以产生渗透变形，其液化区将进一步向外扩展，在砂层中形成破裂口。另一方面，由于浆液的注浆凝固，渗透通道也会逐渐减小，浆液的流动阻力逐渐增大，因此注浆压力也会随之增大，增大了的注浆压力将会再次克服地应力的抗拉强度，对渗流通道进行劈裂。砂层的这一特性为劈裂渗透提供了有利的条件。

根据实验室试验和现场注浆试验，把在粉细砂地层中注浆的全过程分为五个阶段，如图 2-3 所示。

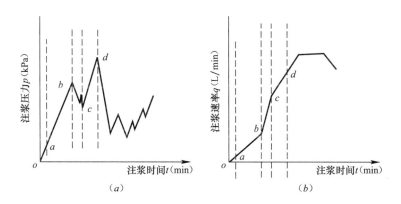

图 2-3　注浆压力、注浆速率时间曲线
（a）p-t 曲线；（b）q-t 曲线

第一阶段：充填渗透阶段

粉细砂地层在注浆压力不大的前提下，充填土体中的孔隙以及土体中的空洞起到固结作用。这一阶段其实是无压注浆阶段，oa 段持续的时间也很短，充填在粉细砂地层中的浆液凝固后，使得渗透部分的土体的强度得到加强。

第二阶段：挤密阶段

开始注浆时，注浆压力比较小，不足以形成劈裂渗透，浆液聚集在注浆孔的附近，形成椭球形泡体挤压土体，使得土体的孔隙有所减小。图中的 b 点即为启裂压力。启裂压力前的曲线段称为鼓泡压密阶段（与压密注浆相似）。

鼓泡压密作用可用承受内压的厚壁圆筒模型来分析,可近似地用弹性理论的平面应变问题求径向位移以估计土体的压密变形。径向位移可用下式计算:

$$\mu_r = \frac{\mu - 1}{\mu E(r_2^2 - r_1^2)}(p_1 r_1^2 + p_1 r_1^2 r_2^2) \qquad (2\text{-}25)$$

式中　μ——土泊松比;

　　　p_1——注浆压力;

　　　r_1——钻孔半径;

　　　r_2——浆液的扩散半径;

　　　E——土的弹性模量。

第三阶段:劈裂阶段

浆液在注浆压力作用下,先后克服地层的初始应力和抗拉强度,使其沿垂直于小主应力的平面上发生劈裂,浆液由此进入,挤密土体,并与土体发生物理和化学作用,形成复合土体的浆脉。

$$P_v = \gamma h \left[\frac{1-\mu}{(1-N)\mu}\right]\left(2K_0 + \frac{\sigma_t}{\gamma h}\right) \qquad (2\text{-}26)$$

式中　γ——砂土容重;

　　　P_v——垂直劈裂注浆压力;

　　　h——注浆段深度;

　　　μ——泊松比;

　　　N——综合表示 k 和 μ 的参数;

　　　σ_t——土的抗拉强度;

　　　K_0——土的侧压力系数。

第四阶段:被动土压力阶段

通过前三个阶段的作用,土体得到初步加固,土中的软弱面,孔隙及裂隙都被填充满,此时浆液在较高压力作用下,克服土的被动土压力,挤密土体使其固结,同时浆脉周围的土体也被压密,最终形成了以浆脉网络为骨架的复合土体。

注入地层的浆液最初是聚集在注浆口附近,沿注浆管形成直径粗细相间的不规则柱体。当注浆压力达到一定程度,浆液就沿地层的结构面产生劈裂流动,在地层中形成方向各异,厚薄不一的片状、条状和团块状的灌浆体,其具体形状由土体特征和注浆参数确定,分布也是随机的。浆液劈裂流动方向总是发生在阻力最小的应力面上,由于正常固结土和欠固结土地基的小主应力是水平向的,因此初始劈裂主要是沿水平方向发展;随着灌浆压力增大,则水平应力逐渐转化为被动土压力状态,这时最大主应力基本呈水平向的,劈裂开始向竖直方向发展。浆液凝固后从整体上加强了土体,增加了土体的抗剪强度。

裂缝发展到一定程度,注浆压力又重新上升,地层中大小主应力方向发生变化,水平向主应力转化为被动土压力状态(即水平主应力为最大主应力),这时需要有更大的注浆压力才能使土中裂缝加宽或产生新的裂缝,出现第二个压力峰值(图 2-3a 中的 c 点),由于此时水平向应力大于垂直向应力,地层出现水平向裂缝,水平劈裂压力为:

$$P_\mathrm{h} = \gamma h \left[\frac{1-\mu}{(1-N)\mu}\right]\left(1 + \frac{\sigma_\mathrm{t}}{\gamma h}\right) p \qquad (2\text{-}27)$$

式中　P_h——水平劈裂注浆压力;

h——注浆段深度;

μ——泊松比;

N——综合表示 k 和 μ 的参数;

σ_t——土的抗拉强度。

被动土压力阶段是劈裂注浆加固土地基的关键阶段,垂直劈裂后大量注浆,使小主应力有所增加,缩小了大小主应力间的差别,提高了土体稳定性。浆脉网的作用是提高土体的法向应力之和,并提高土体刚度。

第五阶段:再渗透阶段

经历了前四个阶段之后,浆液沿着主浆脉和裂隙继续向四周扩散，即图中的 c 点以后的曲线部分。反复的循环过程，使注浆土体的物理力学性能得到加强。

实际注浆过程中，在地层很浅时，浆液沿水平剪切方向流动会在地表出现冒浆现象，因此劈裂注浆的极限压力值可满足式（2-28）：

$$P_u \leqslant \lambda h \tan^2\left(45°+\frac{\varphi}{2}\right)+2c\tan\left(45°+\frac{\varphi}{2}\right) \quad (2-28)$$

式中　P_u——劈裂注浆的极限压力；
　　　λ——土的重度；
　　　h——注浆孔的深度；
　　　c——土体的粘聚力；
　　　φ——土的内摩擦角。

I.W. 法默等人（1974）对土体劈裂注浆引起的地面抬升提出计算方法，假定土体存在着截端圆锥体破坏带，如图 2-4 所示。

截端圆锥体重：

$$W_c = \frac{\pi \gamma z}{3 \tan^2 \theta}(z^2 + 2az\tan\theta + 3a^2 \tan^2\theta) \quad (2-29)$$

截锥体抗剪强度：

$$S = 2W_c \frac{1-\sin\theta\cos(180°-\varphi+\alpha)}{\cos\varphi\sin\theta} \quad (2-30)$$

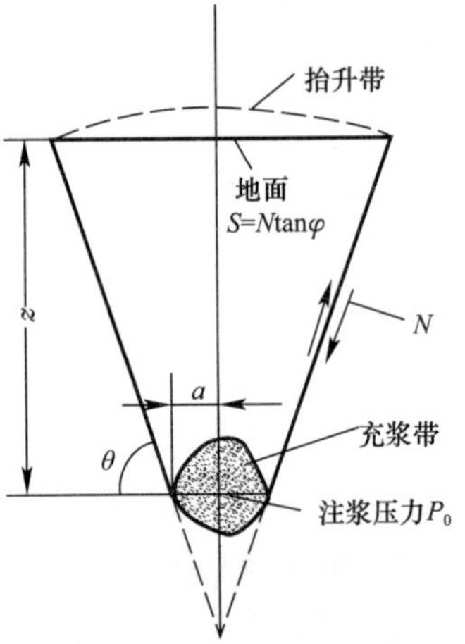

土体抬力

$$F_G = \pi a^2 p_0 \quad (2-31)$$

图 2-4　注浆地面抬升示意图

抬升条件：

$$F_G \geqslant W_c + S \quad (2-32)$$

2.1.2.3 浆液劈裂面形状

注浆材料经注浆管进入地层,一段时间后在地层中变成固结体。固结体在地层中存在四种方式:渗透、主脉下的渗透、多支脉劈裂和少支脉劈裂。

浆液注入地层后,随着劈裂的产生,呈脉状,有主劈裂面也有次劈裂面,纵横交叉形成了错综复杂的网状结构,如图 2-5 所示。浆脉网可以提高土体的法向应力之和,并提高土体的刚度。由于注浆固结体的强度远大于待加固砂体的强度,因此,浆液凝固体在土体中形成浆脉起骨架作用,从整体上加强了土体。另外,由于注浆后地基中小主应力增大,而大主应力基本不变,从而降低了最大剪应力,而平均法向应力和抗剪强度却得以增加。

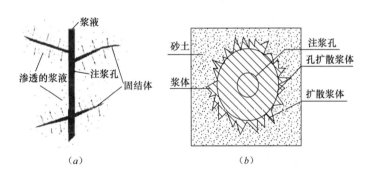

图 2-5 劈裂渗透渗入注浆示意图
(a) 注浆后砂土层纵剖图;(b) 注浆后砂土层横剖图

注浆材料进入地层到固结体强度增长,地层性能随之变化。浆液在土体中并不是与土颗粒均匀混合,而是呈两相各自存在,所以从土的微观结构来看,除受到部分的挤密作用,空隙比和含水量稍有变化外,其他的物理力学性能的变化是不明显的,但由于浆液的凝固体与土体构成两相体,形成了复合结构,其弹性模量比原来的土体的弹性模量有所提高。

就劈裂面的形状而言，砂土中的劈裂面的形成规律目前尚未弄清。但注浆试验和工程实践告诉我们，粉细砂体注浆后其劈裂面的形状与所注浆液的类型、粉细砂层的土质参数值（如土层结构、密实度以及含水率等因素）有很大的关系。图 2-6 和图 2-7 是粉细砂土灌注不同浆液后的劈裂体的形状。

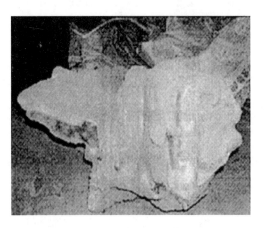

图 2-6　注 HSC 浆液的固结体形状

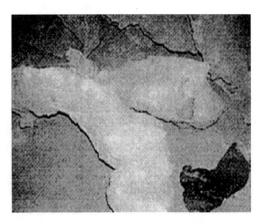

图 2-7　注超细水泥浆液的固结体形状

2.2 浆液的选择

注浆加固和防渗离不开浆材,而浆材品种和性能的好坏,又直接关系着注浆工程的成败、质量和造价,因而注浆工程界历来对注浆材料的研究和发展极为重视。现在可用的浆材越来越多,且有些浆材通过改性和改进使其缺点消除后,正朝理想的浆材方向演变。

粉细砂层多为透镜状出现于地层中,无自稳能力,开挖时易坍塌。在饱和含水粉细砂地层中修建隧道相当于在隧道开挖面周围再造围岩和结构,而且注浆是在承受一定的水压力的情况下完成的。因此在以饱和粉细砂为主的地层中进行注浆材料选择,具有相当难度。对于浆液在粉细砂地层中所形成的浆脉,只要劈裂脉自身的强度不是特别大,对劈裂脉和粉细砂构成的复合土的强度增加期望过高是不现实的。而寻找增加劈裂脉强度增加的材料则不失为解决上述问题的一种有效的途径。通过提高材料的流动度、浸润性等,则是在超细颗粒基础上的一种补充,从而有望获得更多、更细的劈裂纹,起到增加劈裂脉和粉细砂构成的复合土强度作用。

2.2.1 注浆选材原则

对于粉细砂地层中注浆材料的选取,应根据粉细砂地层的工程性质进行选择,所选材料必须具有可注性、抗分散性、早强、凝结时间可控及材料粒径分布的均匀性、耐久性等特性。注浆材料的早强可以防止后续施工或地层变形对注浆的破坏;注浆材料的稳定性影响注浆的可靠可控性;注浆材料的析水率越小、抗分散性越高,注浆材料越稳定,注浆的可靠可控性越好。

对于溶液型注浆材料而言,采用适当的注浆压力将其注入砂层是毫无疑问的;而对于悬浊液型注浆材料,宜采用可注比判式进行判定。粉细砂地层的注浆浆液选择应同时考虑浆液的可注性、可行性、是否有污染、经济性及工艺实施难易度等因素。

（1）可行性。

水泥系注浆材料，由于其凝胶时间长，难以控制；注入砂层后，易被地下水稀释，无法保持其原有的凝胶化性能。而水泥-水玻璃双液浆、粘土固化浆和化学浆液，其凝胶时间可以控制，注入砂层后，不易被地下水稀释，从而可以保持其原有的凝胶化性能。对于化学注浆材料，因其组成原材料成分较多，配制复杂，不易于实施。超细水泥—水玻璃双液浆、粘土固化浆配制简单，可连续注浆。改性水玻璃浆配制较为复杂，连续可注性较差。

（2）经济性和无环境污染。

注浆材料，若价格昂贵，大量使用会使造价太高，因而难以被施工单位和业主所接受。另外也要由周围环境来确定浆液，对于饱和含水砂层，不宜采用化学注浆材料（水玻璃系浆材除外）。一般水泥类浆材为无机类，对环境不造成污染。

（3）浆液的可灌性和适用范围。

水泥粒状类注浆材料的可灌性与浆液的黏度、颗粒的细度、稠度等有直接的关系，是影响注浆工程质量的主要因素，浆液的水灰比越大，流动性越好，黏度就越小，可灌性就越好，但是过大会带来结石强度的显著降低。另一方面浆液颗粒的细度不同，其可灌性也是不同的。颗粒越细，扩散半径及注浆效果就越好，但水泥越细，成本随之提高。对于粉细砂地层注浆工程用微细或超细水泥的细度必须根据所注砂土层的密实度、地质条件、机械压力等综合考虑，选择不同细度的注浆材料，以适应各种复杂的注浆工程要求。

2.2.2 浆液的选择要求

注浆的浆液是由原材料、水和溶剂经过混合之后的液体，通常分为真溶液、悬浊液以及乳浊液,按照注入工艺性质的不同分为单液浆液和双液浆液。每一种浆液都由一种或几种组分构成。浆液注入围岩中所形成的固体,通常成为结石体,结石体是浆液经过一定的化学或物理变化之后所形成的固体,用于填充、堵塞地层中的裂隙、孔洞,达到堵水和加固围岩的目的。

注浆浆液的选择,关系到注浆工艺、注浆成本以及注浆效果,直接关系到注浆工程的技术经济指标。

选用注浆材料应根据岩土工程的具体水文地质条件和注浆方式要求,同时还要考虑注浆设备,特别是注浆泵的吸浆能力以及造浆材料是否就近、经济、合理等要求。

注浆材料及浆液的一些基本要求如下:

(1) 浆液应具有黏度低、流动性好、可注性好、稳定性好、易于用注浆泵经过管道及注浆孔压入到围岩的裂隙,因而,一般要求注浆材料细度大,分散性较高以及能够较稳定的维持在悬浮状态,不至于在压注过程中,沉淀而堵塞,但又不能在浸入围岩一定裂隙一段距离之后,发生沉析充塞岩土所用的空洞和裂隙。

(2) 浆液注入围岩裂隙之后所形成的结石,应是结石率高、强度高、透水性低,并具有抗腐蚀性和耐久性。

(3) 浆液的凝固时间可以在几秒至几小时之间随意调节并能准确地控制。

(4) 浆液在高压下有良好的脱水性,固化之后无收缩现象,并与岩石、混凝土和砂土有较好的粘结性。

(5) 浆液对注浆设备、管道、混凝土结构物没有腐蚀性,并且易于清洗。

(6) 注浆的材料来源丰富,价格便宜,最好能够就地取材,避免毒性并防止对环境造成污染。

(7) 浆液的配置方便,操作简便。

近代注浆材料品种多样,性质各不相同。为了根据工程条件合理的使用注浆材料以及浆液配比,提高注浆工程的质量,未注浆之前应根据设计要求进行注浆材料的鉴定和浆液配比的试验，其内容应包括：

（1）注浆材料质量的鉴定和性能测试。

（2）浆液性能测试和改善浆液性能的测试。包括浆液的稳定性、流动性以及黏度；浆液的析水率和沉淀速度以及浆液的分层沉淀离析的可能性；浆液的结石强度和密度；结石体的可缩性及透水性。

另外，根据土质的条件选定合适的浆液种类。浆液选择的程序如图 2-8 所示，选择标准见表 2-1。

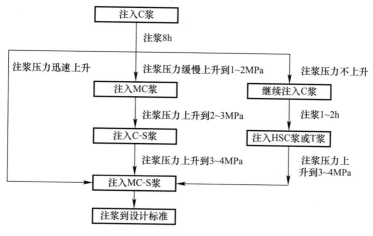

图 2-8 注浆材料的选择程序

选定浆液的大致标准　　　　表 2-1

浆液种类	适用土质和注入状态
溶液型浆液超细粒状悬浮液	适于砂质土层的渗透注入，可望提高土层的防渗能力和土体的内聚力。适于多种注入方式，这种浆液多用来稳定开挖面等注入加固情形
悬浮液	粘土层中的劈裂注入，增加内聚力，填充空洞、卵石层及粗砂层等大孔隙的注入

对于作为永久加固地层，大多数情况下管棚注浆的浆液多为

水泥浆液；对于作为临时加固地层，例如小导管注浆加固地层，多采用水玻璃浆液。表 2-2 为常见浆液配比参数及功能。

浆液配比参数及功能表　　　　表 2-2

序号	名称	配比参数			功　能	
		水灰比	体积比	水玻璃浓度	凝胶时间（min）	28d 抗压强度（MPa）
1	普通水泥单液浆	$W:C=$ 0.6:1~1:1			240~480	10~20
2	超细水泥单液浆	$W:MC=$ 0.8:1~1:1			30~120	≥20
3	普通水泥-水玻璃双液浆	$W:C=$ 0.6:1~1:1	$C:S=$ 1:1~1:0.3	30~35°Be′	0.5~3	5~10
4	超细水泥-水玻璃双液浆	$W:MC=$ 0.6:1~1:1	$MC:S=$ 1:1~1:0.3	30~35°Be′	0.5~3	10~15
5	HSC 浆	$W:C=$ 0.8:1~1:1			30~90	≥20
6	TGRM 浆	$W:C=$ 0.8:1~1:1			30~90	≥20

注浆顺序：按照"分期分区、由外到内、由上到下、间隔跳孔"的原则进行。

2.2.3　浆液的性能分析

在粉细砂中常用的注浆材料有水泥类浆材、水玻璃类浆材以及化学浆材。

2.2.3.1　水泥类浆材

水泥类浆材以其来源广泛、耐久性好、无毒无污染的优点成为国内外常用的浆液，以水泥浆为主，用普通硅酸盐水泥制作，呈悬浊液，在地下水无侵蚀性条件下，结石体的强度较高，渗透性也较小。在细裂隙和微孔地层中虽其可灌性不如化学浆材好，但若采用劈裂灌浆原理，则不少弱透水地层都可用水泥浆进行有效的加固。水泥浆的水灰比，一般变化范围为 0.6~2.0，常用的水灰比是 1∶1。为了调节水泥浆的性能，有时可加入速凝剂或缓凝剂。

由于水泥用于注浆的主要缺点是颗粒性问题，难以注入细小裂隙和孔隙。近些年来发明了超细水泥，其细度高和比表面积大，可注入性明显改观。但是这种浆液配制成流动性较好的浆液需水量较大，保水性又很强，把这种浆液灌入地层后将因多余水分不易排除而使结石强度显著降低。解决的办法是采用较小的水灰比并用高效减水剂改善浆液的流动性。常用的水泥类注浆材料的实验室结果见表 2-3。

常用的水泥类注浆材料的实验室结果　　表 2-3

材料	水灰比	相对黏度 (s)	流动度 (mm)	析水率 (%)	初凝时间 (min)	终凝时间 (min)	抗压强度 (MPa)		抗分散率 (%)
							7d	28d	
普通水泥浆液	0.7	20.8	350	2.9	537	952	9.91	16.6	80
超细水泥浆液	1.0	28.6	339	3.1	60	97	13.1	26.6	90
改性灌浆水泥浆液	1.0	18.8	356	1.2	98	189	13.8	26.6	82
HSC 灌浆水泥浆液	0.8	23.8	350	0.8	75	98	12.3	24.6	90

现常用的水泥类注浆材料就是表 2-3 中的前三种，很多注浆材料虽然名称不同，但都可归入这三类，其组成是相同的，表中的第四种是新材料，仅仅在近几年中在少数工程使用过。下面简要介绍一下 HSC 特种灌浆水泥。

HSC 型注浆材料是以特种水泥为基材，添加其他无机材料及调凝剂、减水剂、膨胀剂等外加剂组成两组干粉，加水搅拌后形成的一种用于堵水、加固地基工程的浆液材料。它具有早强（1 天抗压强度大于 8MPa）、抗分散（100m/s 流速水中留存率大于 80%）、操作时间可调控（在几分钟至几小时之间可调）、低黏度、无收缩、耐久，以及结石率高（大于 98%）等特点。它不需水玻璃调凝，由于其良好的浸润性，大流动度（大于 350mm），阻力小，颗粒细等特性，除了压密还可以渗透，劈裂同时进行。在其他条件一定的情况下，此类浆液的流动度大，阻力小。注浆所需压力小，对土层的扰动小，可以实现注浆效果的可控可靠，形成更多的劈裂脉以增强土层的稳定性。

对于悬浊型浆液，其渗透产生的强度增加不可能太高。这种浆液受配合比和材料的影响较大。因此，可以考虑从变化材料的配合比、改善性能等方面来实现与溶液型材料同样的增强效果。此外，期望更好的注浆效果，还应考虑把脉状匀凝胶体的间隔加密，使浆液的渗透及固结区域连接在一起，悬浊液的劈裂脉相互交叉，从而得到期望的注浆效果。

2.2.3.2 水玻璃浆材

水玻璃浆材（以下简称 CS 液）在注浆材料中的使用率居第一位，尤其其中的"水玻璃＋水泥类"浆材，使用更为普遍。

其优点是凝胶时间可从几秒至几分钟根据需要灵活调整，材料来源广泛，价格便宜，无毒性。缺点是凝胶体强度偏低，渗透性差，水玻璃不好保管，由于水解作用，其淋溶物将影响环境，耐久性也较差，采用双液注浆形式。

该材料在粉细砂地层不易渗透，劈裂注入时所需压力较大，对地层的扰动较大，对地层的稳定不利。尽管它在干燥失水条件下的后期强度有所下降，但作为隧道开挖，封堵掌子面涌水等临时使用的注浆材料仍具有相当的适用性。

尤其是在对其耐久性使用添加外掺剂的研究结果认为，后期强度可以得到保证，仍不失为一种经济、料广、环保型的注浆材料。

对于水泥—水玻璃浆液，根据注浆工程的需要，一般可分为加固和堵水两个方面。对于堵水，特别是水压较大，水流速较快或充填岩土的大空隙，要求注浆的凝结时间短且具有一定的抗压强度；对于加固地基，则要求浆液具有足够的抗压强度。分别讨论如下：

(1) 凝胶时间。

水玻璃能显著加快水泥浆凝胶的时间。凝胶时间随水玻璃浓度、水泥浆浓度（水灰比）、水玻璃与水泥浆的体积比以及温度等因素的变化而变化。

一般情况下，在一定范围内，水玻璃浓度减小，凝胶时间缩短，两者呈直线关系；水灰比越小，水泥与水玻璃之间的反应加快，凝胶时间缩短。总的来说，水泥浆越浓，反应越快；水玻璃越稀，则反应越快。

(2) 抗压强度。

对于水泥-水玻璃浆液，决定其浆液结实体抗压强度的主要因素是水泥浆的浓度（水灰比）。其他条件一定时，水泥浆越浓，其抗压强度越高。通常情况下，浆液结实体抗压强度可达 5~10MPa。

当水泥浆浓度较大时，随着水玻璃浓度的增高，抗压强度增高；当水泥浆浓度较小时，随着水玻璃浓度的增加，抗压强度降低。但当水泥浆浓度处于中间状态时，则其抗压强度变化不大。

水泥浆与水玻璃的体积比对抗压强度也有较大影响。当水泥浆与水玻璃的体积比在 1∶1 时，抗压强度最高，在这个配合比范围内，反应进行的最完全，强度也就最高。实际上，浓水泥浆需要浓水玻璃；稀水泥浆需要稀水玻璃。水玻璃过量对其抗压强度将产生不良影响。

水泥浆中加入水玻璃有两个作用：一是作为速凝剂使用，掺量较少，一般约占水泥重量的 3%～5%；另一个作用是作为主材料使用，掺量较多。可根据注浆的目的和要求而定。注浆用水玻璃对模数和浓度有一定的要求。模数 M 是描述水玻璃性能的一个重要参数，定义为水玻璃含二氧化硅（SiO_2）的摩尔数与氧化钠（Na_2O）的摩尔数的比值。

水玻璃模数的大小对注浆的影响很大。模数小时，二氧化硅含量低，凝结时间长，结实体强度低；模数大时，二氧化硅含量高，凝结时间短，结石体强度高。模数过大过小都对注浆不利。注浆时，一般要求水玻璃的模数在 2.4～3.4 较为合适。

2.2.3.3 化学浆材

化学浆液在强度、可注性、耐久性方面都优于其他各类浆液，最大的缺点是有毒性，对环境的污染很大，而且价格较高，鉴于此，很多国家已经不再使用。这里不展开介绍。

2.3 粉细砂地层中注浆参数的确定

在国内外的注浆工程实践中，控制因素或条件主要是水灰比、浆液凝结时间、注浆压力和吸浆量以及注浆程序等。

在已选定浆材的情况下，对如下注浆参数包括孔内装置、孔距、灌浆段长、灌浆孔分布，以及灌浆压力和灌浆量作出最佳选择和控制，就可以取得较好的效果。不过，最优控制往往不易实现，实际上往往只有 1～2 个参数可供选择和控制。注浆参数与注浆方案、注浆机理、土层结构及构造、涌水量以及水压力大小等因素有关。

2.3.1 水灰比对注浆的影响

浆液的黏度、结石体强度和渗透系数等都与水灰比的大小有较大的关系。试验表明，水泥类浆液的黏度随水灰比的增大而减小；当水灰比大于 1.5 后，黏度随水灰比增大而减小的趋势缓慢。此外，当水灰比大于3后黏度几乎与水灰比的变化无关。浆液的结石强度一直随水灰比的增大而减小，结石的渗透系数一直随水灰比的增大而增大。因此注入水泥类浆液时，水灰比不能太大，否则，对保证加固强度、抗渗系数和耐久性不利。但也不能太小，只要能满足浆液达到注入范围即可。一般认为灌浆时应采用大水灰比浆液，因为其流动性好，可增大对细微裂隙的可灌性。但水灰比大，水泥颗粒沉降快，浆液不稳定，容易析水回浓，可灌性并不一定好。对于超细水泥其灌浆水灰比一般应控制在2∶1以下。HSC特种灌浆水泥其水灰比适用范围为0.6～1.2。

2.3.2 小导管参数的确定

小导管外径可根据钻孔直径选择，一般选用直径 32～50mm 钢管，长度 3.5～6m，外插角 5°～10°，注浆半径取 0.5m。管壁每隔 10～20cm 交错钻孔，孔径 6～8mm。导管纵向两组间应有 100cm 的水平搭接长度，环向间距 20～50cm。

注浆压力的选用原则是在不破坏岩层结构的条件下，有效地将浆液压入岩层中，满足设计需要，达到注浆目的。根据实践，一般为 0.5～1.0MPa。

浆液扩散半径可根据管密度确定，考虑注浆范围相互重叠的原则，扩散半径可按下式计算：

$$R_k = (0.6 \sim 0.7)L_0 \tag{2-33}$$

式中　L_0——导管间中心距。

小导管超前注浆通常采取单排管，如图 2-9 所示。

可假定浆液扩散半径为 R，相邻两注浆孔间距为 a，则加固圈的厚度

$$E = 2\sqrt{R^2 - \frac{a^2}{4}} \tag{2-34}$$

则浆液的有效扩散半径

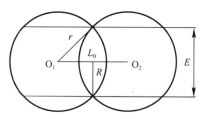

图 2-9 单排管注浆计算图

$$R = E/2 = \sqrt{R^2 - \frac{a^2}{4}} \qquad (2\text{-}35)$$

根据前人研究成果和力学稳定性计算可知，注浆管的水平搭接长度应大于 1m；注浆管外插角 $a = 10° \sim 30°$。对于注浆设计，在开挖进尺和水平搭接长度不变的情况下，可以通过缩短注浆管长度，减小外插角，注浆时通过增大扩散半径，可以达到同样的加固范围，获得同样的超前预注浆加固的效果；在开挖进尺不变的情况下，可以通过增加注浆管长度，同时减小外插角，保持扩散半径不变，从而增大注浆管的水平搭接长度，也可获得同样的超前预注浆加固效果。

2.3.3 浆液的用量计算

水泥浆的浓度用水灰比 ρ^* 来表示，即 $\rho^* = W_w/W_c$，简写为 W/C。

式中 W_w——水的重量（kg）；

W_c——水泥的重量（kg）。

水灰比与密度的关系：

$$\rho = 1 + 2/(1 + 3\rho^*) \qquad (2\text{-}36)$$

水玻璃溶液的浓度用波美度 $°Be'$ 表示：

$$°Be' = 145 - 145/\rho \qquad (2\text{-}37)$$

压浆的灌浆量是比较难以确定的指标，它与土质情况、土层空隙、浆液的渗透性、注浆方法等多种因素有关，实际工程中往往以观察到注浆管附近某处冒浆为限。在实际压浆加固工程中，浆液的用量通常应以现场压浆试验确定，也可以用下式估算：

$$Q = \pi r^2 hn\alpha(1+\beta) \quad (2\text{-}38)$$

式中　r——渗透半径；

　　　h——注浆厚度；

　　　n——土体的孔隙率；

　　　α——填充率；

　　　$1+\beta$——损失系数，可取 $1.1\sim1.2$。

常见的渗透注浆各地层的孔隙率 n，见表 2-4。

地层孔隙率　　　　　　　　　　　表 2-4

土 层	n
松散的均匀砂层	0.46
致密的均匀砂层	0.37
松散的砂砾层	0.40
致密的砂砾层	0.30

不同土层的注浆充填率见表 2-5。

注浆充填率　　　　　　　　　　　表 2-5

充填率 土层	N 值	孔隙率 n（%）	$\alpha(1+\beta)$ （%）	$n\alpha(1+\beta)$ （%）
松散砂质层	$0\sim10$	50	$50\sim80$	$25\sim40$
中等密实砂质层	$10\sim30$	40	$50\sim70$	$20\sim30$
密实砂质层	30 以上	30	$50\sim65$	$15\sim20$
湿陷性黄土		$30\sim60$	$50\sim80$	$15\sim48$

注浆流量与土质种类、透水性、注浆速度、压浆方法等因素有关，应做现场试验或参照已有经验来确定。一般情况下，注浆流量应配合注浆压力来调整，注浆初期上层吸收浆液能力强，压力可较小，随着土体吸收量减小可逐渐增加流量，增大压力，使其处于最佳吸收状态，注浆接近结束时，可适当增大注浆压力。欲使注浆有较大的注浆范围，可尽量延长浆液凝胶生成时间，同

时适当降低注浆压力,以使浆液有充分渗透时间。一般认为最大容许注浆压力为20kPa。即注浆压力大约等于注浆点位置以上土层厚度的压力。如果地表以上还有结构物传递下来的面分布荷载,还可以提高注浆压力使其等于注浆点以上土层厚度的压力与结构物荷载压力之和。

2.3.4 注浆加固带厚度的确定

据水电部门的统计,围岩固结注浆深度在0.5~2.0倍隧洞半径变化,建议按1.3倍隧洞半径计算。苏联在巷道注浆加固中,加固带的厚度取3~5m,我国煤炭部门巷道注浆加固厚度约为2~3m。日本青函隧道则采用了如下的经验数据:一般地质条件,压浆半径是隧洞半径的2~4倍;地质不好时,压浆半径是隧洞半径的3~6倍;地质条件特坏时,压降半径是隧洞半径的8倍。

2.3.5 柱状扩散的时间、半径及孔距

在较低的注浆压力下,粉细砂地层中是可以进行渗透注浆的。浆液在充满多孔介质过程中,在固结之前都是符合上述渗透理论的。但是,浆材的性质决定着所选加固方式,不同的浆材应按照牛顿流体或宾汉姆流体进行分析。

在以浆液为主要占据着的区域,尽管大部分浆液由于注浆压力的作用处于运动状态。但是,由于浆液和多孔介质的特性,在运动过程中总是不断地有微量浆液附着在介质颗粒的表面而不再运动,这就是束缚浆液饱和度。

由于在实际注浆过程中,大都采用花管式注浆,因而浆液一般呈柱面扩散,如图2-10所示。

我们把渗透介质-粉细砂假定为均匀各向同性,把具有一定黏度的浆液运动状态看作是与地下水运动状态一致的匀速运动,根据达西定律,渗透水头损失与渗流流速、流量之间的基本公式为:

$$Q = K_g i A t \tag{2-39}$$

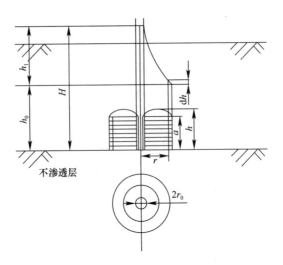

图 2-10 柱状注浆渗透图

式中，$i = \mathrm{d}h/\mathrm{d}r$，$K_g = K/\beta$，$A = 4\pi r^2$，$t$ 为注浆时间。

设注浆点地基土内的总水头一开始为 h_0，注浆管水头为 $h_0 + \Delta h$，则得式（2-40）：

$$-\int_{h+\Delta h}^{h} \mathrm{d}h = \frac{q}{4\pi K_g} \int_0^\infty \frac{1}{r^2} \mathrm{d}r \frac{r_0}{r} \tag{2-40}$$

当 $r = r_0$ 时，$h = H$；$r = r_1$ 时，$h = h_0$，因而由上式可推导出式（2-41）、式（2-42）：

$$H - h_0 = h_1 = \beta q / 2\pi a K \cdot \ln(r_1/r_0) \tag{2-41}$$

$$q = 2\pi a K h_1 / \beta \ln(r_1/r_0) \tag{2-42}$$

已知 $Q = \pi r^2 a n$，$Q = qt$，于是得式（2-43）：

$$t = n\beta r_1^2 \ln(r_1/r_0) / 2K h_1$$

$$r_1 = \frac{2K h_1 t}{n\beta \ln(r_1/r_0)} \tag{2-43}$$

以上各式中：q 为单位时间的注浆量（cm^3/s）；K 为粉细砂的渗透系数（cm/s）；Q 为浆液流量（cm^3/s）；K_g 为浆液在地层中的渗透系数（cm/s）；β 为浆液黏度与水的黏度比，$\beta = \mu_s/\mu_w$；

A 为注浆材料的渗透面积（cm²）；r、r_1 为浆液的扩散半径（cm）；H 为地下水水头和注浆压力水头之和（cm）；r_0 为注浆半径（cm）；t 为注浆时间（s）；n 为砂土的孔隙率；μ_w 为水的动力黏度系数（mPa·s）；μ_g 为浆液的动力黏度系数（mPa·s）。

在浆流区，由浆液和残留水组成，假设浆液的饱和度 S_g 在扩散过程中保持不变，则浆液前沿推进方程如式（2-44）：

$$2\pi r a S_g \mathrm{d}r/\mathrm{d}t - q_g = 0 \qquad (2\text{-}44)$$

在浆流区应用达西定律如式（2-45）：

$$q_g = -2\pi\xi a \frac{k_g}{\mu_g}\frac{\mathrm{d}p_g}{\mathrm{d}\xi} \quad (r_0 \leqslant \xi \leqslant r) \qquad (2\text{-}45)$$

在水流区，水的饱和度为 1，故为饱和渗流，应用达西定律如式（2-46）：

$$q_w = -2\pi\xi a \frac{k_g}{\mu_w}\frac{\mathrm{d}p_w}{\mathrm{d}\xi} \quad (r \leqslant \xi \leqslant r_e) \qquad (2\text{-}46)$$

对式（2-45）和式（2-46）两式微分得：

$$\frac{\mathrm{d}}{\mathrm{d}\xi}\left(\xi\frac{\mathrm{d}p_g}{\mathrm{d}\xi}\right) = 0 \quad (r_0 \leqslant \xi \leqslant r) \qquad (2\text{-}47)$$

$$\frac{\mathrm{d}}{\mathrm{d}\xi}\left(\xi\frac{\mathrm{d}p_w}{\mathrm{d}\xi}\right) = 0 \quad (r \leqslant \xi \leqslant r_e) \qquad (2\text{-}48)$$

其他边界条件：$p_w - p_g = p_c$，$\xi = r_0$，$p_g = p_0$，$\xi = r_e$，$p_w = p_e$
连续性条件 $q_g = q_w$

求式（2-47）、式（2-48）微分方程的定解问题，得式（2-49）：

$$q_g = \frac{2\pi a k_g k_w (p_0 - p_e + p_c)}{k_w \mu_s \ln\left(\dfrac{r}{r_0}\right) + k_g \mu_w \ln\left(\dfrac{r_e}{r}\right)} \qquad (2\text{-}49)$$

带入式（2-44）得：

$$n s_g \frac{\mathrm{d}r}{\mathrm{d}t} = \frac{(p_0 - p_e + p_c)}{r\left[\dfrac{\mu_g}{k_g}\ln\left(\dfrac{r}{r_0}\right) + \dfrac{\mu_w}{k_w}\ln\left(\dfrac{r_e}{r}\right)\right]} \qquad (2\text{-}50)$$

对式（2-50）积分，并根据初始条件，$t=0$，$r=0$，可得柱状扩散的时间关系式（2-51）：

$$t = \frac{ns_g}{p_0 - p_e - p_c}\left\{\left[\frac{r^2}{2}\ln\left(\frac{r}{r_0}\right) - \frac{r^2}{4}\right]\frac{\mu_g}{k_g} + \left[\frac{r^2}{2}\ln\left(\frac{r_e}{r}\right) + \frac{r^2}{4}\right]\frac{\mu_w}{k_w}\right\}$$

(2-51)

式中 r_0——注浆半径；

r_e——地下水影响半径；

ξ——浆流区或水流区任意点半径；

k_g——饱和度 S_g 时浆液的渗透率；

k_w——饱和度为 S_w 时水的渗透率。

2.3.6 注浆孔的位置及半径确定

要确定注浆点的位置和注浆点数量，首先要确定中心管的注浆影响半径，而注浆半径受多种因素影响。因此应做单管及多管注浆试验，对中孔注浆的边缘部分及多孔注浆的交叉部分取样，进行透水或强度试验，从而确定有效注浆半径及相应的注浆压力、注浆流量及注浆孔布置与间距。对于较大范围的注浆工程，施工前应先作注浆孔的设计布置图，布置图应包括平面图和立面图，原则上应满足浆液的渗透有效范围在平面、立面上能互相重叠，平面上注浆孔间距一般为每孔注浆有效半径的 1.73 倍，两排以上应尽量布置成梅花形，各注浆孔注浆顺序间隔进行。

计算假定：

（1）浆液为牛顿流体，不考虑浆液的时变性。

（2）浆液在粉细砂地层中先发生柱面渗透扩散后进行劈裂扩散。

（3）忽略土体及浆液的弹性变形能等。

浆液在前进的过程中，受到土体的阻力等因素的影响，速度逐渐趋向于零，设前进的距离为 L，则按式（2-52）计算：

$$L = r_1 + L_1 = r_1 + \frac{1}{K_s}t_{c-a}\int_v^0 V dV = r_1 + \frac{t_{c-a}}{2K_s}V_0^2 \quad (2\text{-}52)$$

式中，r_1 为发生渗透注浆时的扩散距离，由式（2-44）得式（2-53）：
$$r_1 = \left[2Kh_1 t_a / \eta \beta \ln\left(\frac{r_1}{r_0}\right)\right]^{\frac{1}{2}} \quad (2\text{-}53)$$

L_1 为发生劈裂注浆的劈裂长度。

设浆液的单位体积为 1，则其质量为 $m = 1 \cdot r = r$，则根据能量守恒定律得式（2-54）：
$$p \cdot 1 = 0.5 \cdot m \cdot v_0^2 \quad (2\text{-}54)$$

即式（2-55）：
$$v_0 = (2p/\gamma)^{\frac{1}{2}} \quad (2\text{-}55)$$

式中 γ——浆液容重；

p——注浆压力。

将式（2-55）代入式（2-54），从而得到式（2-56）：
$$L = r_1 + t_{\text{c-a}} / K_v \cdot p / \gamma \quad (2\text{-}56)$$

由此得知：

（1）当注浆压力和注浆时间不变时，扩散距离随着土体的阻力系数及浆液的容重增大而减小。

（2）在相同的粉细砂地层中，注浆的扩散范围随着注浆压力及注浆时间增大而增大。

（3）劈裂注浆过程中，注浆能量与劈裂平衡的建立是一个缓慢的过程，注浆不能操之过急。

2.3.7 注浆压力的确定

注浆压力是注浆控制技术中的一个很重要的注浆参数，它对整个注浆过程和注浆效果影响很大。注浆压力过低时，不能满足浆液扩散，不能提供浆液按预定扩散所需要的能量，达不到注浆的目的。注浆压力过大，则地表会发生隆起或抬升现象，周围建筑物会受到损伤。注浆压力场对地应力场的影响极大，只有合理确定注浆压力才能有效控制地表沉降及支护结构的变形。

（1）粉细砂地层渗透注浆的极限压力。

在圆柱体内进行粉细砂渗透注浆,如果注浆压力在一定条件下,浆液就会均匀渗透。超过某一极限注浆压力(p_{max}),浆液将由渗透转化为劈裂。只有当注浆压力小于(p_{max})时,才能保证浆液在砂层中均匀渗透。粉质砂层渗透注浆的极限压力为式(2-57):

$$p_{max} = \frac{2(1-\mu)(\sigma_c + 2k_0 \gamma H)}{[2+(1-2\mu)/\ln r_1 - \ln r_0]} \qquad (2-57)$$

式中　σ_c——粉质砂土抗压强度;
　　　γ——砂土容重;
　　　H——注浆孔长度;
　　　μ——泊松比;
　　　k_0——静止侧压力系数;
　　　r_1——浆液扩散半径;
　　　r_0——注浆孔半径。

(2) 劈裂渗透注浆压力。

在低压注浆情况下,浆液的运动主要是渗透渗入和充填,只有当注浆压力达到一定程度,劈裂才起到主要作用。砂层是否发生劈裂,取决于其有效内摩擦角和有效粘聚力。

在粉细砂地层中的注浆过程,其应力变化可由莫尔—库伦破坏准则来分析。粉细砂地层粘聚力$c=0$,不存在c、ϕ是否同时存在和发挥的问题;粉细砂地层的侧压力很小,不存在中间主应力的影响问题,因此可用考虑了$c=0$的莫尔—库伦准则来表述劈裂时土体的受力情况为式(2-58):

$$(\sigma_1 - \sigma_3) = (\sigma_1 + \sigma_3)\sin\phi \qquad (2-58)$$

浆液的劈裂面出现在土体的最小主应力作用面上。设劈裂注浆的极限压力B点处的值为P_b,其作用点处于极限状态,满足莫尔—库伦破坏准则,则有式(2-59):

$$(\sigma_3 + p_b) = \sigma_1 \tan^2(45° + \phi/2) \qquad (2-59)$$

式中,$\sigma_1 = \gamma h$,其中γ为粉细砂的平均重度;h为B点位置

的深度。

$\sigma_3 = K_0\sigma_1 = K_0\gamma h$，其中，$K_0$ 为静止侧压力系数，取 $K_0 = 1 - \sin\varphi$。由式（2-59）可得，在粉细砂地层中注浆发生劈裂时所需的注浆压力值为式：

$$p_b = \gamma h[\tan^2(45° + \varphi/2) + \sin\varphi - 1] \qquad (2\text{-}60)$$

实际注浆过程中，在地层很浅时会在地表出现冒浆现象，因此劈裂注浆的极限压力值可满足式（2-61）：

$$p_b \leqslant \gamma h \tan^2(45° + \varphi/2) \qquad (2\text{-}61)$$

所以注浆压力应满足式（2-62）：

$$\gamma h[\tan^2(45° + \varphi/2) + \sin\varphi - 1] \leqslant p_b \leqslant \gamma h \tan^2(45° + \varphi/2) \qquad (2\text{-}62)$$

当浆液的泡休逐渐扩大，土体被挤密时则产生被动抗力与之平衡，随着浆液在压力作用下能量的不断增加，被动土抗力增至被动土压平衡，土体最终失去平衡，受到剪切破坏，以上的平衡和破坏都是缓慢的，所以注浆时的流量和压力也要与之相适应。

2.4 超前支护注浆加固

在动水砂层中开挖隧道，关键是固砂堵水，把地下水封堵在开挖断面轮廓线以外，保持洞室开挖稳定，控制地表超限下沉。因此，如何固砂堵水是方案设计的总体原则。按照这一原则，从可靠性、可实施性、经济性和社会效益等多方面分析，目前地下工程中对粉细砂地层主要进行了洞内长短管结合注浆方案、洞内小导管注浆方案、TSS 型注浆管洞内注浆法和大管棚预注浆超前支护等几个方案的设计。

注浆工艺主要与地质条件、浆液类型及作业效率有关，几种主要注浆工艺优缺点对比见表 2-6。

注浆工艺对比及适用条件　　　　表 2-6

注浆工艺	优　点	缺　点
孔口止浆前进式注浆	不需安装注浆管和止浆塞，操作简单、方便，注浆效果较理想	重复钻孔工作量大，孔口管连接次数多，钻注效率低
孔壁止浆前进式注浆	注浆针对性强，采用止浆塞止浆，方便、灵活，加固部位容易控制	重复钻孔工作量大，止浆塞安装次数多，作业效率低，止浆塞容易失效，影响注浆效果
管内止浆后退式注浆	不需重复钻孔，避免了塌孔，钻孔效率高，采用止浆塞止浆，方便、灵活，效果较好	TSS 管或袖阀管加工、安装、连接复杂，止浆塞安装次数多。单向阀和止浆塞容易失效，影响注浆效果
孔壁止浆后退式注浆	不需重复钻孔，钻孔效率高，采用止浆塞止浆，方便、灵活，加固部位容易控制	一段注浆完成后，需等浆液凝固，影响注浆效率，钻孔不直或孔壁不完整时，止浆塞容易失效，影响注浆效果
全孔一次性注浆	不需重复钻孔，钻孔效率高，孔口止浆方便、灵活	岩石破碎、塌孔，钻孔深度大时，注浆效果差

预支护施工技术措施，是针对软弱不良地层提出的，其选择的正确与否，直接关系到工程的成败以及工程造价的高低，也是衡量施工应变能力的重要标志。辅助施工工法已作为地下工程尤其是浅埋地下工程暗挖施工的一个重要分支进行研究和应用。施工之前，需要根据围岩条件、施工方法、进度要求、机械配套和工程所处的环境等情况，优先选择简单的方法或同时采取几种综合辅助施工方法来加固地层，确保不塌方、不沉降。

2.4.1 超前支护的适用范围

（1）超前锚杆

在浅埋暗挖施工中，当围岩的自稳时间在 12～24h 之间时，通常采用超前锚杆或超前小导管进行支护，若结构的跨度较小，围岩的破碎程度也比较小，不需要注浆就可以进行施工的围岩，常常采用超前锚杆进行支护。

超前锚杆主要适用于土砂质地层、膨胀性地层、裂隙发育的岩体以及断层破碎带等，将节理发育的岩体串联在一起，防止岩块沿裂隙滑移，从而在洞室周边形成一定厚度的承载环，充分发挥围岩自承能力，阻止围岩因过大变形而坍塌。

一般而言，锚杆是岩石隧道施工预加固与初期支护中应用最广泛的一种加固手段，但在软土隧道，尤其是城市地铁隧道，在我国用金属锚杆作为地层预加固的工程实例不是很多。

(2) 超前小导管注浆

在软弱、破碎地层中凿孔后易塌方，且施用超前锚杆比较困难或者结构断面较大时，应采用超前小导管支护，多用于自稳时间在12h以内，甚至没有自稳能力的围岩中，如第四纪未胶结的砂卵石、粉细砂层中常用此方法，超前小导管支护必须配合钢拱架使用。往往在超前小导管的周壁上布设一系列的注浆孔，对围岩进行注浆加固。其对围岩的加固效果强于超前锚杆和超前小导管。

超前小导管特别适用于小洞室（一般跨度在6m以下的洞室）的超前支护以及在处理隧道塌方的施工中应用。实践证明，此项措施在隧道施工中防止塌方和阻止地层流失以及控制沉降等方面效果显著。

(3) 管棚支护

管棚支护一般用于高大断面隧道的超前支护，隧道的开挖高度越大，土体的破裂面延伸的就越远，掌子面土体失稳的可能性就越大。通过管棚的插入，可以将破裂面从顶部切断，使管棚承担施工期间的部分地层松散的荷载压力，增强掌子面的稳定性，有效地防止隧道出现大面积的塌方。

管棚支护一般用于隧道洞室开挖尺寸较大，对地层沉降要求较高的地段。由于管棚超前支护的刚度较大，当大断面隧道在既有的建筑物或构筑物下穿时，管棚支护可以起到有效防止地层沉降过大，保证建筑物或构筑物的安全。

在砂粘土、粘砂土、亚粘土、粉砂、细砂、砂夹卵石夹粘土等非常松软破碎的围岩下，修建大跨度浅埋的隧道，比较适合于管棚法支护，有的还应在管棚钢管间配合小导管注浆加固，能有效控制土体的局部坍塌和流失。

对于管棚钢管的直径，并不是越粗越好。目前工程中采用的管棚钢管直径不尽统一，且有越用越粗的倾向。事实上，由于隧道开挖后未支护段的距离短，管棚的支护跨度小，因此无需采用较大直径的钢管支护，通常使用直径108mm的钢管即可以满足要求。

（4）水平旋喷注浆

对于软弱土质，围岩的自稳能力很差，容易产生塌方事故，因此，将竖直钻孔高压喷射注浆加固地层的传统方法用在围岩加固中，改为水平钻孔旋喷注浆，并在其形成的承载环支护下，直接开挖进洞。

从目前研究看，水平钻孔旋喷桩支护虽然造价较高些（每米较小导管注浆增加费用约6000元），但施工成功率、安全可靠性均比小导管注浆大。尤其在黄土、砂粘土等难以注入加固的软弱围岩隧道中以及当地下工程处于含水地层，且难以采用降水时，应采用对施工干扰不大的防排水方法，以达到经济、安全、快速、施工的目的。水平旋喷注浆是一种很好的围岩加固堵水的措施之一。

水平旋喷桩支护技术可以适用于粉质粘土、淤泥质粘土、中砂、粗砂、砾砂、残粘土等土质的地下工程。

2.4.2 超前支护技术的评价分析

（1）超前锚杆

超前锚杆支护与超前小导管、管棚以及水平旋喷桩相比，其支护作用最小，在城市软弱地层浅埋隧道施工中很少使用，锚杆支护技术较为复杂，设计方法也显粗糙。但锚杆技术具有结构轻、安全可靠，其施工设备简单，施工工艺简单，施工方便的优势和适应性强等，而且该种结构还具有工程量少、经济效益好等特点。

（2）超前小导管注浆

超前小导管注浆，最大的优点是施工设备简单，不需要大型的机械设备，施工工艺简单，见效快，可以根据现场的实际情况，随时来确定小导管注浆的使用。另外，小导管注浆适应性强，可以根据实际情况，随时变更施工方法。注浆加固只是起到临时支护围岩的作用，只要满足开挖时地层不塌即可。

小导管注浆的缺点是缺乏完善的理论支持，缺乏规范化，对小导管注浆的理论研究有待加强；小导管注浆的施工规模也很小，对围岩土体加固的范围相对也小；注浆的效果不能具体确定，目前对于注浆的效果检测方法落后，其可靠性较差。

（3）管棚

由于管棚直径比注浆小导管直径大、长度长，因此管棚超前支护效果明显强于注浆小导管。对于在超浅埋暗挖隧道跨度较大的施工中，防止地面过度下沉和防止建筑物过大倾斜，控制地下管线最低程度的差异沉降方面，效果明显。但管棚超前支护施工技术比较复杂、工程造价较高，如何使钻机在水平、竖直方向移动自如，减小钻机外形尺寸，使之满足工作空间的要求，如何使钻机自动定位，有待深入研究解决。

根据长期的管棚施工经验，大管棚施工过程中由于管棚钢管较长，在复杂的地层条件下钻进成孔的偏差不容易控制，而一旦出现偏差，设计外倾角又不足，管棚会侵入隧道开挖净空，隧道开挖安装钢格栅骨架时必须将其割除，割除难度较大而且影响其支护作用的可靠性。

（4）水平旋喷桩支护

水平旋喷桩的设计、施工都较为灵活，可以根据不同的地质情况，随时调整桩径。旋喷桩与围岩土体的结合效果也很好，在桩下开挖隧道，不易塌落，很好控制超挖现象。水平旋喷桩作为穿越软弱围岩浅埋暗挖隧道支护体系，具有很好的止水效果，操作方便，安全可靠，施工质量容易控制，施工效率高。另外，水平旋喷桩节省了隧道初衬的混凝土用量以及大量的钢材，比较经济适用。

在城市隧道中，当隧道埋深浅、上部管线密集，尤其是穿越软弱围岩，地质环境条件复杂，土层含水量大时，水平旋喷桩比其他常规的超前支护手段具有更强的适应能力，在止水加固、控制沉降方面也具有比较明显的优势。在类似工程的设计施工中可以将水平旋喷桩超前支护和小导管注浆超前支护两种方法相结合，优势互补，用小导管弥补水平旋喷桩的不足和施工缺陷，可以达到更佳的超前支护效果。

水平旋喷桩也存在着一些缺点，虽然水平旋喷桩设计施工对浆液的注入范围有一定限制，注浆量相对而言大幅度减小，但相对其他超前支护方法，排出的废泥总量大。另外，和小导管超前注浆以及超前管棚注浆相比，不够机动、灵活、方便。

水平旋喷桩支护与注浆管棚支护相比，水平旋喷桩的施工技术比管棚法复杂，设计参数要在施工之前进行试验来确定，其成本也比管棚法稍高。因此，在确定方案时，应进行技术经济综合比选来确定。

预支护方案的选取应视被支护地层的地质特征和围岩性质而定，以确保洞室及围岩体的稳定。根据不同围岩类别和施工条件，采用不同的超前预支护方案，既确保施工质量，又降低工程造价。

2.4.3 超前小导管注浆

超前小导管注浆就是在掌子面周围按一定外插角将具有渗孔的小导管打入围岩中，通过注浆泵的压力，将浆液通过小导管渗透、扩散到岩体孔隙和裂隙中,以改善和增强围岩内摩擦角等力学性能;在预控隧道周围形成一层止水、稳定的承载壳,从而达到加快岩体的自稳时间,提高开挖面周围岩体的自稳能力,限制地层松弛变形的目的。

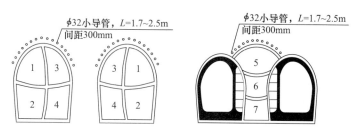

图2-11 超前小导管布设图

小导管超前注浆加固机理主要为渗入性注浆,对具有一定孔隙或裂隙受扰动和破坏的围岩,在注浆压力作用下,水泥浆液渗入到围岩的孔隙和裂隙中,以水泥浆作为胶结体,将破碎围岩进行胶合,提高整体性,使之组成地层自成拱和"承重环",将破碎围岩转化为有效的稳定带,防止隧道开挖时围岩内岩块的松动、剥离和坠落,从而达到加固围岩的目的。

在粉细砂地层中采用小导管超前注浆法施工具有许多优点:①大面积坍塌稳定后进行小导管施工,对人身安全不构成大的威胁,应急措施容易被作业人员所接受,其工艺简单,机具要求不高,抢险相应比较快。②小导管打入后的外露尾端通常支于开挖面后方的格栅钢架上,共同形成预支护系统,提高围岩自身的稳定性,抑制了围岩松弛变形,提高了施工安全性,加固效果更稳妥可靠。

小导管超前预注浆加固,注浆加固只是起到临时支护的作用,只要能满足开挖时地层不坍塌,保证开挖的需要即可,因此对于采用这种工法施工,注浆加固厚度值的计算预选取是否合理,对施工造价影响极大。超前小导管一般布设如图 2-11 所示。其优点是:①提高围岩稳定性。通过超前预注浆,将较软弱的岩层,固结成有一定自稳能力的岩体,使隧道施工能够顺利进行;②探测地质情况。通过超前钻孔,可预先探明地质、水文情况,给后部开挖提供依据;③有效处理塌方。当出现塌方后,通过深孔注浆,可实现对塌体进行加固和填充空洞,防止塌方进一步发展,并为处理塌方提供较稳定的围岩条件。

(1) 超前小导管施工工艺及支护参数

超前小导管注浆施工内容主要包括封闭工作面、钻孔、安设小导管、注浆、效果检验等工序。小导管注浆施工工艺流程如图 2-12 所示。

其超前支护的参数包括杆径(管径)、纵向间距、环向间距、外插角等,施工之前必须根据围岩的状况和施工水平进行合理地选择,我国铁路隧道、地铁隧道曾用过的参数见表 2-7。

长管深孔(管长占孔深的 2/3)注超细水泥浆,浆液主要先到达注浆孔深处,再从管外壁与孔壁间缝隙回流到浅处。由于围岩缝隙是非完全封闭系统,水泥浆液的流动度和渗透性也不同于水,因此注浆孔深处注浆压力大,浅处注浆压力小。考虑到深处一般地压力较大且较密实,不宜进浆,浅处围岩松弛,易于进浆,且衬砌背后空隙不宜采用较大压力注浆,较大压力注浆可能导致衬砌开裂等因素,深处需要较大的注浆压力,浅处则需要较小的注浆压力。

当隧道施工接近饱和含水砂层时,封闭工作面。施工采用上、下半断面分步开挖,在上半断面,可采用洞内袖阀式长管进行全断面预注浆,加固砂层(图 2-13)。加固范围为隧道开挖轮廓线外 2~4m 及掌子面砂层部分。长管注浆完成后,在隧道开挖工作面周边和掌子面砂层部分布设超前预注浆短管进行补充注浆加固,从而稳定砂层,确保开挖施工安全。注浆范围为开挖轮廓线以外 1.5~2m 及掌子面砂层。

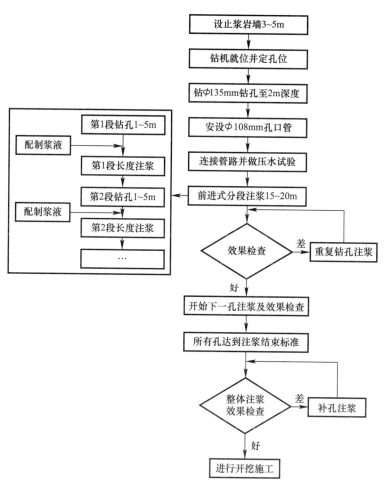

图 2-12 超前预注浆工艺流程图

超前支护参数表　　　　　　表 2-7

围岩级别	锚杆直径（mm）	小导管直径（mm）	纵向间距（m）	环向间距（cm）	外插角（°）	
					锚杆	小导管
VI	20～22	40～50	3～5	25～35	10～20	5～10
V	18～20	30～40	2.5～3.5	35～45	10～20	5～10

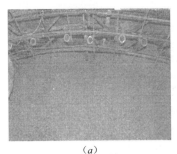 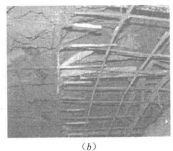

（a） （b）

图 2-13 现场施工图

（a）小导管布设；（b）注浆加固效果

（2）导管及台架制作

1）小导管的结构（图 12-14）。

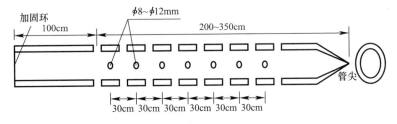

图 2-14 小导管制作示意图

先把钢管截成需要的长度，在钢管的一端做成 20～30cm 长的圆锥状，在距另一端 100cm 处焊接 $\phi 8 \sim \phi 12mm$ 钢筋箍。距钢筋箍一端 100cm 不开孔，剩余部分每隔 15～30cm 梅花形布设 $\phi 6 \sim \phi 10mm$ 的溢浆孔。

2）袖阀管的结构。

TSS 型注浆管采用厚壁的小口径钢管加工制成，管材料源广，加工容易。

① 袖阀管结构主要由 $\phi 68mm$ 的 PVC 外管、$\phi 20mm$ 镀锌注浆内管、橡皮套、密封圈等组成。图 2-15 为袖阀管结构。

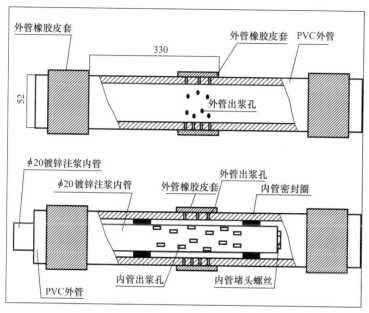

图 2-15　袖阀管结构示意图

② 袖阀管（图 2-16）是一种只能向管外出浆，不能向管内返浆的单向闭合装置。灌浆时，压力将小孔外的橡皮套冲开，浆液进入地层，如管外压力大于管内时，小孔外的橡皮套自动闭合，当注浆指标达到技术要求时停止注浆，进行下一阶段注浆。

图 2-16　袖阀管实物图

3）平导钻孔台架设计见图 2-17。

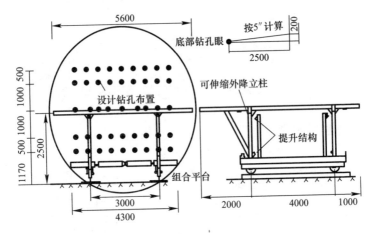

图 2-17　平导钻孔台架设计图

(3) 小导管安设

1）依据不同地质条件采用不同成孔设备打孔，一般砂层可用 φ42mm 管以压力风吹孔；粉细砂、亚粘土可采用风镐推进导管；粘土层、黄土层可采用煤电钻钻孔；在土夹石、风化岩可使用凿岩机、凿岩台车打眼成孔，孔方向要求顺直，不得弯曲和塌孔等。

2）采用吹管将孔内砂石吹出成孔，孔径按与注浆管径配套确定，一般不大于 50mm，孔深视导管长度而定。

3）用吹风管、掏钩将钻孔清理干净。

4）插入导管可用风镐、凿岩机顶入。

5）在孔口用沾有 CS 胶泥的麻丝缠绕成不小于孔径的纺锤形柱塞（图 2-18）。把管子插入孔内，带好丝扣保护帽，再用冲击设备把管子打入到要求的深度，使麻丝柱塞与孔壁充分挤压紧。然后再用 CS 胶泥填充孔口。图 2-19 为小导管支护及台阶设置，图 2-20 为一次掘进进尺及小导管间的搭接长度。

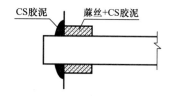 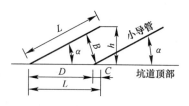

图 2-18　超前小导管孔口封堵示意　　图 2-19　小导管支护及台阶设置示意

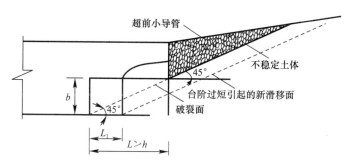

图 2-20　一次掘进进尺及小导管间的搭接长度示意图

TSS 型注浆管具有袖阀管的作用，施工设备配套简单、工艺易操作，施工成本较低。可以采用风镐将其顶入砂层，完成注浆管的布设工作，这样完全解决了注浆管布设过程中砂的涌出。同洞内长短管相结合注浆工艺相比，施工进度可提高 50%；同盾构法相比，采用 TSS 型注浆管洞内注浆法施工粉质细砂地层，可以减少对环境的污染，同时施工成本降低 60%。

（4）小导管注浆

超前注浆是用带孔的钢花管，在工作面周边按一定的角度打入地层进行注浆，在工作面周围形成承载薄壳，达到加固地层的目的。超前小导管既作为注浆导管注浆加固地层，又可起到超前小管棚支护的作用。

1）小导管外露长度一般为 30cm，以便连接孔口阀门和管路。

2）小导管安设后必须对工作面进行喷射混凝土或模筑混凝

土封闭。喷射厚度以 5～10cm 为宜，范围为整个掌子面及其后的 3m 范围的环向开挖面。注浆管应设防护帽。

3）调查地质情况，按渗透系数确定注浆类型，进行注浆设计。

4）应按设计和通过现场试验确定浆液配合比、注浆压力等注浆参数；通过试验确定或调整注浆半径、注浆压力和单管注浆量。

5）水泥浆液应采用搅拌桶配制。根据搅拌桶容量大小，严格按要求投料。

6）配制水泥浆或稀释水玻璃浆液时，禁止水泥包装纸等杂物混入。拌好的浆液在进入储浆槽及注浆泵之前应对浆液进行过滤。未经过滤网过滤的浆液不允许进入泵内。

7）小导管安装完成后，旋紧孔口阀，连接注浆管路后进行压水试验；配制好的浆液应在规定时间内注完，随配随用。

8）注浆压力按分级升压法控制，由注浆泵油压控制调节；浆液先稀后浓、注浆量先大后小；超前小导管注浆压力应符合设计要求，浆液必须充满钢管及其周围的空隙。

9）发生串浆现象，采用多台泵同时注浆或堵塞串浆孔隔孔注浆，注水泥浆压力突然升高应立即停机检查，水泥浆单液进浆量很大，压力上不去，则应调整浆液浓度及配合比，缩短凝胶时间，进行小量低压力注浆或间歇式注浆，但停留时间不能超过混合浆的凝胶时间。

10）结束标准：以终压控制为主，注浆量校核，当注浆压力为 0.7～1.0MPa，持续 15min 即可终止。

（5）技术标准（表 2-8）。

超前小导管施工允许偏差　　　　表 2-8

序　号	项　目	允许偏差	手　段
1	方向角	2°	插棍结合尺量
2	孔口距	±45mm	尺量
3	孔深	+40mm	尺量

(6) 施工机具设备（见表2-9）

施工机具设备　　　　　表2-9

序号	项目	设备、机具名称
1	凿孔	风动凿岩机（成孔深度3m以上）或带冲击锤的风钻或煤电钻
2	单（双）液注浆泵	注浆压力大于5MPa，排浆量大于50L/min，并可连续注浆
3	水泥浆搅拌桶	有效容积不小于400L，搅拌改性水玻璃应选用高速机械式或风动式
4	储浆桶	2m³
5	检验测试设备	秒表、pH计、波美计
6	动力	空压机（20 m³）
7	加工设备	钢筋切断机、交流电焊机
8	其他设备	混合器、抗震压力表、高压胶管、高压球阀、水箱

(7) 劳动组织（见表2-10）

钻孔注浆施工劳动组织　　　　表2-10

序号	人员	人数	职责
1	技术人员	1	掌握技术标准、负责施工指导、监督施工质量、记录
2	工班长	1	组织和协调
3	测量人员	2	测量放样、检查验收、并对整个施工过程进行摄像
4	钻孔、安装人员	10~15	凿孔施工、准备材料、安装导管
5	浆液制备人员	5	准备材料、制备浆液、搅动浆液、清洗设备
6	注浆泵司机	1	注浆泵的操作、维修保养及故障排除
7	清洗废浆工	1	清理废浆
8	注浆记录工	1	记录注浆压力、注浆量、流量、胶凝时间及其他的情况
9	安全员	1	负责施工安全
10	搬运工	2	搬运材料、机具
11	电焊工	1	进行导管尾部和钢拱架的焊接
12	其他	3	电工、空压机司机等
	合计	29	

(8) 质量要求

1) 钻孔前,按设计精确画出钻孔位置。

2) 钻机应在技术人员的指导下摆正,按设计调整好钻孔角度。开钻速度要慢,待钻杆进入岩体 30cm 左右后,常速钻进。

3) 钻孔平面误差≤15cm,钻孔角度误差≤0.5°。

4) 控制钻孔角度,成孔要孔壁圆、角度准、孔身直、深度够。

5) 注浆前先注水清孔、引流;注浆时应准确掌握浆液配比,并使浆液在管内充填密实。

(9) 安全措施

为确保安全,应采取以下措施:

1) 进行全员安全意识教育。

2) 针对小导管的施工特点和要求,严守有关安全规则和安全规章制度。作业平台搭设牢固并设置围栏。

3) 加强对围岩动态监控量测,实行信息化管理,科学的组织施工。

4) 注浆人员及所有进入施工工地的人员,必须按规定佩带防护用品,穿戴防护用具(如胶皮手套、口罩、眼镜、防护罩等)。

5) 所有工作人员必须遵章守纪,听从统一指挥,同时加强安全保卫工作,禁止闲杂人员进入施工现场。

6) 要有良好的照明条件。

(10) 施工技术要点

1) 注浆过程中,严格控制注浆压力,注浆终压力必须达到 0.2~0.4MPa,并稳压,保证浆液的渗透范围,防止出现结构变形、串浆、危及地下构筑物、地面建筑物的异常现象。

2) 当出现浆液从其他孔内流出的串浆现象时,将串浆孔击实堵塞,轮到该管注浆时再拔下堵塞物,用钢丝或细钢筋清除管内杂物,并用高压风或水冲洗(拔管后向外流浆不必进行此工序），然后再注浆。

3）单液水泥浆注浆量很大，压力长时间不升高，则调整浆液浓度及配合比，缩短凝胶时间，进行小泵量低压力注浆或间歇式注浆，使浆液在裂隙中有相对停留时间，以便凝胶，但停留时间不能超过混合浆的凝胶时间。

4）注浆管与小导管采用活接头连接，保证快速装拆，拆下活接头后，快速封堵小导管口，防止未凝固的浆液外流。

5）注浆的次序由两侧对称向中间进行，自下而上隔孔注浆。

6）注浆过程有专人记录，每隔5min详细记录压力、流量、凝胶时间等，并记录注浆过程中的情况。

2.4.4 管棚超前注浆支护

2.4.4.1 概述

在隧道开挖工作面上半断面，沿着坑道设计周边，用大型的水平钻机，打出有一定倾角的一排大直径钻孔，并向钻孔中压入厚壁钢管，为了增加钢管的刚度，可向钢管内压入混凝土或设置钢筋笼注入水泥砂浆，于是在地层中建立一个临时的承载棚，在其防护下进行隧道的安全分部开挖。

注浆管棚通过注浆填充围岩裂隙，提高围岩的强度和刚度，从而提高围岩的整体承载能力。通过向围岩注浆形成的加固圈起到"承载拱"的作用，支承"承载拱"上部的岩层重量，使拱内部的围岩与支护系统处于免压状态，拱内部的围岩与支护系统受到的力仅是由于拱向隧道方向的变形引起的形变压力，当管棚为惯性力矩较大的厚壁钢管，且沿隧道开挖轮廓线周密布置时，加固圈的变形较小，因此，隧道支护结构所承受的上部荷载大大减小。另外，在管棚进口端一般加有套拱基础，另一端深入到隧道围岩较为完整、坚硬处，这样可以对上部的破碎软弱围岩形成一个稳定的"简支梁"支撑结构，此简支梁可承受上部松动压力或者传递上部荷载的作用。

（1）管棚的分类

目前，施工机具的日趋多样化促进了管棚超前支护技术的发展，管棚的种类与形式也越来越多样化，根据我国隧道及地下工程施工中管棚的使用情况有以下几种分类方式。

1）按钢管的布置层数分类

① 单层管棚：沿隧道开挖轮廓线布置单层钢管的管棚。此种形式在隧道工程中使用比较普遍。

② 双层管棚：沿隧道开挖轮廓线布置双层钢管的管棚。这种布置形式在隧道上部荷载较大及对地表沉降有严格控制要求的隧道工程中使用。为了节约材料和费用，通常只在隧道拱部一定范围内布置双层钢管，而在两侧布置单层钢管。

2）按单循环钢管长度分类

① 短管棚：单循环钢管长度小于6m的管棚。

② 长管棚：单循环钢管长度大于6m的管棚。

3）按钢管直径分类

① 小管棚：钢管直径小于129mm的管棚，称为小管棚体系，通常将直径在30～50mm的小管棚称为小导管。

② 中管棚：钢管直径在129～299mm之间的管棚，称为中管棚体系。

③ 大管棚：钢管直径大于300mm的管棚，称为大管棚体系。

在我国的地下工程施工中，目前应用最广泛的是中小管棚体系，管径多在200mm以下，其中以ϕ108mm钢管应用最多。

4）按注浆分类

① 注浆管棚：

a) 先注后管法：先对围岩预注浆而后打设钢管。

b) 先管后注法：先打设钢管，利用钢管作导管向围岩注浆，浆液通过钢管上的预留孔渗入围岩。

② 不注浆管棚。

钢管打设完毕后，不向围岩注浆，仅用水泥砂浆将钢管填充,有时为了增大钢管的强度和刚度,在管内设置钢筋笼而后用水泥砂浆填充。

5)按施工方法分类

① 钻孔法管棚。

钻孔法管棚是目前最常用的方法,常规钻孔法先采用钻机成孔,然后推入钢管形成管棚;在软弱地层中,为了克服钻孔卡钻、塌孔等问题,通常采用水平导向、跟管钻进技术,即钻孔与进管同时进行。钻孔法常用的钻机有:坑道钻机、导向钻机、水平钻机以及专用的管棚台车。

② 夯管法管棚。

采用夯管锤直接将钢管夯入地层形成管棚的方法,一般适用于软塑地层。

③ 顶管法管棚。

在软弱地层中采用顶推技术直接将钢管顶入地层形成管棚的方法,顶管法又可分为压入式、螺旋钻进式、水平钻进式、泥浆加压式以及其他方式(PLAD施工法、KCMM施工法)。

(2)管棚支护的构造

管棚一般由钢管和钢拱架组成,在洞口段管棚后端一般通过孔口导向管固定在混凝土套拱内,钢管按一定间距以较小的外插角(1°~3°)布置在隧道开挖轮廓线外围,如图2-21所示,在钢管插入地层后通过钢管上预留的注浆孔进行注浆,从而在隧道周边形成预支护体系,保证隧道施工安全和控制地层位移。钢管上预留的注浆孔直径一般为10~16mm,孔间距为15~20cm,并且呈梅花形布置,在钢管尾端预留不钻孔的止浆段。

管棚是沿隧道开挖轮廓外周的一部分或全部,以一定间隔排列而成的棚架体系。管棚的配置和形状取决于地形、地层的性质及地表或地中结构物的位置关系等。一般管棚有如下几种布置形式,如图2-22所示。

① 扇形布置:用于隧道下半部地层是稳定的,但起拱线以

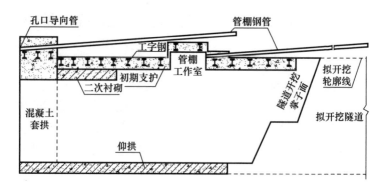

图 2-21 管棚支护示意图

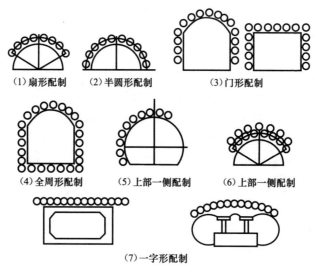

图 2-22 管棚的布置形式

上的地层不稳定的场合。另外，当地表有建筑物，埋深很小时也多采用此种布置形式。半圆形布置是扇形布置的特殊形式。

② 门形布置：用于隧道基础是稳定的，但断面内地层及上部地层不稳定的场合。

③ 全周形布置：用于软弱地层或膨胀性、挤出性围岩等极

差的场合。

④ 上半单侧布置：隧道一侧有公路、铁路、重要结构物需要防护，或者隧道位于斜坡地层中形成偏压时采用。

⑤ 上半双层布置：用于隧道上部有重要设施，或拱部地层是崩塌性、不稳定性的地层，或地铁车站等大断面隧道施工，或突破河海底段施工等场合。

⑥ 一字形布置：在铁路、公路或结构物下方施工时采用。

(3) 管棚的作用、特点

1) 从整个支护体系的角度来看，管棚的作用主要有以下几点：

① 管棚主要起加固岩体（围岩）的作用。通过钢管上的孔向围岩注入水泥、水玻璃或泡沫脲烷等材料，以改善围岩状况来保证掌子面稳定。对应的分析方法有两种，一种是提高岩体的力学参数近似模拟管棚加固作用；另一种用实体单元模拟岩体，管棚对岩体的加固作用用梁（杆）单元或者壳体单元来进行模拟。

② 管棚起到承载作用。对应的分析模型是荷载—梁模型，该类模型是当前管棚分析中的主要计算模型。根据是否考虑岩体的作用可分为两种情况，一种是不考虑岩体的作用，将管棚视作两端固定的梁。对于大直径管棚（欧洲和日本多采用，以日本的管幕工法为代表）多采用该类分析模型；另一方法是考虑管棚下岩体的支撑作用，将管棚视作埋置在岩层中的管，但其对管棚作用的认识仍局限在将管棚作为承载构件，重点是确定管棚上部荷载以及对管棚受力特点进行分析。

③ 管棚起到扩散和传递开挖释放荷载的作用。对于采用小直径管棚（直径在 159mm 以下）的常规跨度隧道，开挖过程中，管棚基本是不承受荷载，主要是起到对开挖释放荷载进行传递、调节的作用。管棚究竟是承受荷载还是传递荷载主要取决于管棚与支护结构的相对刚度比。

2) 在施工控制效果上，管棚的作用主要表现在以下几个方面：

① 防塌方。由于管棚的作用，减少了工作面上覆的土压力，稳定了围岩，从而避免了土体塌方，即便有一定程度沉降的产生，也不会发生灾难性事故。

② 阻断沉降作用。研究表明，由于管棚的超前预支护作用，其对地表沉降的控制可达 30%～35%，对拱顶沉降的控制高达 40%。同时，由于支护结构体的形成，改变了地表沉降与拱顶沉降的比例。在浅埋隧道施工中，一般情况下，拱顶沉降要大于地表沉降，而采用管棚进行预支护后，使得拱顶沉降远远小于地表沉降量。

③ 均匀沉降曲线。由于管棚的承托作用，使得沉降槽沉降集中的程度大幅减少，沉降总量在减小的同时有向两端均匀分布的趋势。

④ 提高围岩的力学参数，增大地层自稳能力，实际施工中为增大管棚的刚度和管棚与围岩的粘结力，常常在管棚内注入水泥浆、水玻璃或泡沫脲烷等材料，使得管棚与其周围的土体成为一个整体，从而极大地增强了土层的自稳能力。

3) 管棚的特点

管棚是利用钢管作为纵向支撑、钢拱架作为横向环形支撑，构成纵、横整体，刚度较大，能阻止和限制围岩变形，并能提前承受早期围岩压力。

管棚是在开挖之前先将钢管沿隧道开挖轮廓线外打入围岩中，外露端支承焊接在立好的钢拱架上，一般主要布置在隧道上断面，即拱部（图 2-23）。做好之后在开挖面上就形成了一个"保护棚"，在隧道开挖面形成的这一薄壳，整体受力，发挥拱环效应，防止塌方、地表下沉，从而保证地表建筑物的安全和安全地进行隧道开挖。

管棚支护结构主要有以下三个效应：

① 梁的效应：管棚因前端嵌入围岩内，沿隧道工作面推进方向布置的一端与初次支护结构体相连接（如与砂浆锚杆出露端相焊接）而形成纵向支撑梁，这种结构是最有效提供竖向抗力的

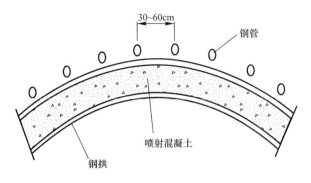

图 2-23 管棚布置示意图

布置方式。这是典型的超前管棚的梁效应。但应该注意的是，隧道纵轴方向管棚的板和壳效应，一定条件下也是存在的。

② 拱的效应：沿隧道横断面方向，若没有超前管棚，则横断面方向的地层拱必须依靠两侧墙一定范围内的相对稳定土体作为拱脚来建立拱平衡状态。而在施作超前管棚时，若间距适合或注浆饱满，各个超前管棚单元体间极易发生成拱现象，且其小拱跨度等于其支护间距，因此与原来可能形成的拱跨相比，必将成倍地缩小。很显然随拱跨的缩短，调整和成拱达到平衡所需的时间大为减少。因此在建立了成组排列的拱脚以后，隧道很快就建立起新的平衡，使边界为连续的小拱群严密控制，而小拱下的土体则由随后的及时喷混凝土来约束如图 2-24 所示，这便是管棚的成拱效应。

③ 强化岩体效应：插入管棚钢管后，用注浆泵通过花管注入浆液经壁孔挤入围岩裂隙或缝隙中加固围岩，从而提高围岩体的弹性模量和强度。在浅埋的情况下，地表有结构物存在时，或隧道接近地中结构物、地下埋设物开挖时，可以有效地控制隧道开挖的影响和防止围岩的松弛。

因此，在隧道通过浅埋、软弱破碎岩体、塌方等不良地质地段时，为增强隧道围岩的稳定性，并考虑隧道所处的地质和水文

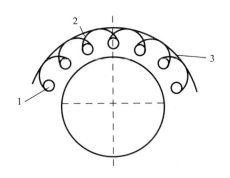

图 2-24 横断面方向超前支护体的拱群效应
1—超前支护体；2—单元小拱；3—拱群效应

条件、隧道长度、埋置深度、施工机械装备、工期和经济等方面的情况，在决定施工方法时，众多工程实践证明，管棚是最常采用且最为有效的支护方法。

（4）管棚支护的适用范围

根据国内外的施工实践，综合我国目前管棚支护应用的实际案例，管棚可适用于特殊困难地段，如极其破碎的岩体、塌方体、岩锥地段、砂土质地层、强膨胀性地层、强流变性地层、裂隙发育岩体、断层破碎带、浅埋大偏压等围岩的隧道施工；应用于地铁等穿越城区的地下工程的开挖预支护，可作为既有建筑物、公路、铁路及地下结构物下方修建隧道的辅助方法；可作为隧道洞口及修建大断面隧道施工的辅助工法及作为其他施工的辅助工法，也常用于浅埋但宜明挖地段或浅埋隧道情况下，地表有建筑物或隧道接近地中结构物时等对施工沉降有特殊要求的工程等。

根据国内外的经验，一般在下列场合下使用长管棚超前支护：①在铁路正下方修建地下工程；②在地面结构物下方修建地下工程；③修建大断面的地下工程；④隧道的洞口段施工；⑤通过断层破碎带等特殊的地层；⑥其他的特殊地段，如大跨度的地铁车站、重要的文物保护区、突破河底、海底的地下工程施工等，如图 2-25 所示。

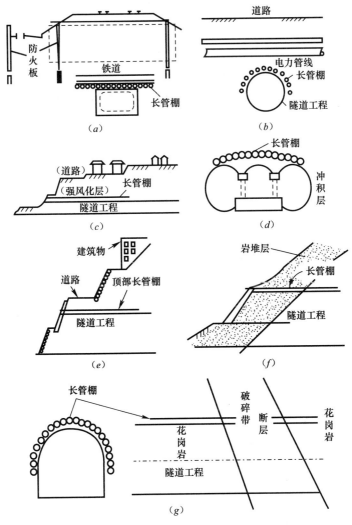

图 2-25 长管棚超前支护常见的应用范围
(a) 在铁路下方修建地下工程；(b) 在地中埋设物下方修建地下工程；
(c) 在住宅和公路下方修建地下工程；(d) 修建复合大断面隧道；
(e) 斜面道路和建筑物防护；(f) 岩堆斜面防护；
(g) 通过富水断层破碎带

2.4.4.2 管棚支护设计

管棚支护的设计参数主要包括：钢管型号、管棚支护长度、管棚环向间距、掘进步距、管棚水平搭接长度、管棚仰角、管棚注浆参数、钢拱架间距等。通过钢管向围岩注浆时，还应拟定注浆参数。目前在设计中，管棚参数的选取均按工程类比法选定，并在施工中根据实际情况不断调整。

我国部分工程的大管棚超前支护的参数见表 2-11。

我国部分工程大管棚超前支护参数表　　表 2-11

工程名称	管棚长度 (m)	管棚管径壁厚（mm）	管棚间距 (m)	管棚总根数 （根）
衡广铁路南岭隧道	20.75	$\phi 108 \times 4.5$	0.3	91
八盘岭隧道	12.20	$\phi 89 \times 4.5$	0.4	43
西单地铁隧道	18	$\phi 115 \times 4.5$	0.25～0.33	2178
蒲黄榆车站	146	$\phi 114 \times 5$	0.3	103
京珠高速公路粤北段	42	$\phi 108 \times 6$	0.4	
崇文门地铁站	36	$\phi 600 \times 16$	0.725	43

（1）钢管型号

钢管一般采用热轧无缝钢管，外径宜为 70～180mm，长度宜为 10～45m，分段安装，每分段长度为 4～6m。两段之间用"V"形对焊或丝扣连接，丝扣长不小于 15cm，仰角 1°～3°。目前，钢管强度验算时，多将管棚已开挖未支护段视为短悬臂梁或简支梁结构，计算跨度为掘进步距 s、承受最大均布荷载 q_{max} 时，钢管的最大弯矩 M_{max} 和最大拉应力 σ_{max}。取钢管安全系数之后，得到钢管容许应力 $[\sigma]$。当开挖洞口时，视为悬臂梁，计算示意图如图 2-26 所示；隧道洞内施工时，可简化为两端受约束的简支梁，管棚承受上部围岩荷载 q_1 和路面荷载 q_2 的作用，计算示意图如图 2-27 所示。

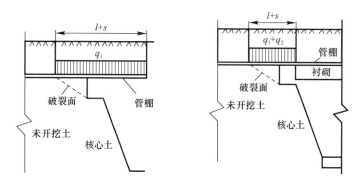

图 2-26 洞口段管棚支护悬臂梁模型　图 2-27 隧道内管棚支护简支梁模型

钢管上须钻注浆孔时,孔径宜为 10～16mm,孔间距宜为 15～20cm,呈梅花形布置,钢管尾部须留有不钻孔的止浆段。钢管的直径要适当,大直径管棚和小直径管棚的工程造价和施工性相差很大。在我国地下工程中应用最广泛的是小直径管棚(其中以 ϕ108mm 的管棚应用最多),如图 2-28 所示。

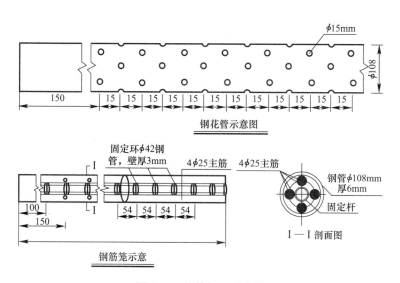

图 2-28 钢管加工示意图

(2) 管棚支护长度

管棚长度取决于围岩条件、钢管直径、施工方法、施工机械等，特别受施工方法和施工机械的限制很大，对于同一围岩条件，隧道施工中单循环管棚支护长度越长，越能提高施工效率，但是由于受到施工机具的限制，施工过程中会出现卡钻、塌孔、钻孔倾斜、进管困难等问题，如果单循环管棚长度过长，就很难确保管棚的位置准确和排列整齐，从而影响施工质量。研究成果表明，隧道开挖对管棚的影响范围约 $1.5 \sim 2.0$ 倍开挖高度，单循环管棚长度应穿透隧道开挖影响范围，一般情况下单循环长度宜为 $10 \sim 40m$ 并且不小于 $10m$，如需设置管棚支护段过长，可采用多循环纵向搭接设置。

(3) 管棚环向间距

管棚的设计间距与很多因素有关。管棚环向间距应根据地层性质、地层压力、管棚设置部位、钻孔机具以及隧道开挖方式等条件确定，一般为 $30 \sim 60cm$。从防止崩塌角度，采用小直径管棚密集布置较为合理，但是密集布置方式对施工工艺提出很高的要求，目前施工钻机施工精度一般为 $1/300$，故过于密集的布置方式存在无法施工的问题，或者给施工带来很大不便，降低施工工效。而采用大间距、大直径的管棚，刚度大、变形量小。但是，过大的排列间距，可能存在的管棚间漏土现象，会致使管棚超前支护的作用失效。间距过小难以施工，同时工程成本提高；间距过大控制沉降效果难以保证，因此如何选取合理间距一直受到工程设计人员的关注。下面利用管棚支护中的"土拱效应"来给出管棚最大间距的计算公式。

当管棚间距减少到一定值后，两根管棚的主压应力可以形成压力拱，拱脚坐落在管棚内侧，如图 2-29 所示。当管棚间距足够小时，可以通过土体与管棚之间的作用力来平衡松动区上覆土体自重。

设计管棚环向间距时有以下基本假定：

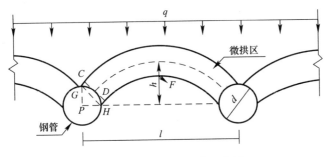

图 2-29 管棚土拱效应示意图

① 管棚及土体共同承受土体重力作用。针对管棚的微拱作用进行分析，假定管棚固定不动，微土拱的拱脚来传递应力拱的压力；由于管棚沿纵向等间距水平布置，故采用垂直管棚纵向的平面分析模型进行分析，如图 2-30 所示。

② 由于微土拱形成过程中存在

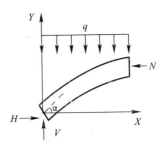

图 2-30 微拱受力分析

"楔紧"作用，使得微土拱区域内土体的密实度趋向一致，因此假定微土拱区内土体为连续的均匀介质。

③ 管棚上覆土体的厚度一般远大于微土拱高度 h 及土拱厚度，因而可以认为作用在微土拱上的土压力沿横向均匀分布，并忽略微土拱的自重。

④ 微土拱前端为自由区域，故忽略微土拱区域与前端土体的相互作用。

按照结构力学理论，在均布荷载作用下，三角拱的合理拱轴线是一条抛物线，在垂直拱轴线的各个截面上弯矩和剪力为零。考虑到"微拱"为对称结构，取半拱进行研究，以管棚圆心为原点，建立直角坐标系，如图 2-30 所示。

由于微拱在上部压力作用下能够产生一定的位移，说明微拱结构为静定结构。由该结构的静定平衡条件，可以得到：

$$N = H = \frac{ql}{8h}, V = \frac{ql}{2} \tag{2-63}$$

式中　H，V——微拱支座处的反力（kN）；

　　　　N——拱顶部截面处所受的轴力（kN）；

　　　　l——相邻管棚圆心间距（m）；

　　　　h——拱高（m）。

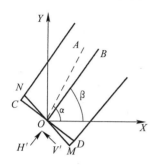

图2-31　微拱拱脚几何特征

如图2-31所示土体和管棚的实际接触面是一个圆弧，可近似认为该圆弧圆心角度为90°。为了便于分析，这里以弧弦 GH 代替圆弧进行分析，如图2-29所示。图2-31中 O 点是拱轴线与钢管外表面交点，将管棚圆心 P 与 O 点相连并延长得到射线 OB，并过 O 点作 GH 平行线 MN，可知 MN 与 OB 垂直；同时沿 O 点作拱轴线的切线得到射线 OA，CD 为拱轴线垂线，即 OA 与 CD 垂直。若令 OA、OB 与水平线的夹角分别为 α、β，显然 $\beta=\pi/4$；由于垂直拱轴线的各个截面上剪力为零，可知 H、V 合力垂直于 CD，所以有：

$$\alpha = \arctan \frac{4h}{l} \tag{2-64}$$

将拱脚处土体和管棚之间的作用力沿垂直和平行 CD 横断面分解，则有：

$$H' = H\cos\alpha + V\sin\alpha$$
$$V' = -H\sin\alpha + V\cos\alpha \tag{2-65}$$

为了保证拱脚处稳定性，则拱脚处推力 V' 应当不大于土体与管棚侧之间的摩擦力：

$$V' \leqslant \mu \cdot H' \tag{2-66}$$

其中，μ 为土体与管棚之间的摩擦系数，显然，$\mu \leqslant \tan\varphi$，$\varphi$ 为土体的摩擦角，当管棚与土体之间作用力处于极限状态时，将式（2-64）、式（2-65）及式（2-66）代入式（2-67）可以得到：

$$h \leqslant \frac{l(\mu + \tan\alpha)}{4(1 - \mu\tan\alpha)} \qquad (2\text{-}67)$$

土拱截面仅受轴力作用，因此应当验算土拱的截面强度。但由于土体是一种颗粒材料，它主要发生剪切破坏，因此主要关心它的抗剪强度。这里以土体的极限平衡条件作为强度标准：

$$\sigma_1 \leqslant \sigma_3 \tan^2\left(\frac{\pi}{4} + \frac{\varphi}{2}\right) + 2c\tan\left(\frac{\pi}{4} + \frac{\varphi}{2}\right) \qquad (2\text{-}68)$$

式中　σ_1——最大主应力（kPa）；

　　　σ_3——最小主应力（kPa）。

拱顶和拱脚是最有可能发生破坏的截面，分别进行强度验算：

① 对跨中截面。

截面的前缘点比后缘点受力更为不利，所以取前缘点 F 作为控制点，如图 2-29 所示，F 点应力：

$$\sigma_F = \frac{2H}{d\sqrt{2}} \qquad (2\text{-}69)$$

其中，d 为管棚直径。根据假定④，F 点处于单向应力状态，σ_F 为最大主应力，将式（2-67）、式（2-69）代入式（2-68）得到：

$$l_{\text{max}1} \leqslant \frac{2\sqrt{2}cd\tan\left(\frac{\pi}{4} + \frac{\varphi}{2}\right)(\tan\alpha + \mu)}{q(1 - \mu\tan\alpha)} \qquad (2\text{-}70)$$

式中　c——岩土体粘聚力（kPa）；

　　　d——管棚钢管直径（mm）。

当取 $\alpha = \pi/4$ 时，式（2-70）变为：

$$l_{\max 1} \leqslant \frac{2\sqrt{2}cd\tan\left(\frac{\pi}{4}+\frac{\varphi}{2}\right)(1+\mu)}{q(1-\mu)} \qquad (2-71)$$

式中　$q=\sum_{i=1}^{n}\gamma_i h_i+p$，其中 γ_i 为土体容重；h_i 为各上覆土层厚度；p 为道路车辆荷载。

② 对拱脚截面。

与跨中截面类似，以 D 点为控制点，如图 2-31 所示：

$$\sigma_D = \frac{2\sqrt{H^2+V^2}}{d\sqrt{2}} \qquad (2-72)$$

将式 (2-63)、式 (2-67) 及式 (2-72) 代入式 (2-68) 中，整理得到：

$$l_{\max 2} \leqslant \frac{2\sqrt{2}cd\tan\left(\frac{\pi}{4}+\frac{\varphi}{2}\right)(\tan\alpha+\mu)}{q\sqrt{(1+\tan^2\alpha)(\mu^2+1)}} \qquad (2-73)$$

当取 $\alpha=\pi/4$ 时，上式变为：

$$l_{\max 2} \leqslant \frac{2\sqrt{2}cd\tan\left(\frac{\pi}{4}+\frac{\varphi}{2}\right)(1+\mu)}{q\sqrt{(\mu^2+1)}} \qquad (2-74)$$

则管棚最大容许间距：

$$l_{\max} = \min(l_{\max 1}, l_{\max 2}) \qquad (2-75)$$

根据以上的理论分析，只要确定了钢管直径 d，再结合工程地质参数，如土体的 c、φ、μ 值以及土体容重 γ 就可以确定管棚的最大容许间距。需要指出的是，以上计算公式仅适用于单层管棚的设计。

(4) 掘进步距

管棚支护掘进步距过小，会增加工序转换时间，影响施工效率；管棚支护掘进步距过大，又可能会产生塌帮等安全事故。一般掘进步距取 1.0～2.0m。

(5) 管棚水平搭接长度

搭接长度应根据隧道开挖高度、围岩地质条件等情况来决定。纵向两组管棚间,应有不少于 1.5m 的搭接长度,一般为 2~4m。

(6) 管棚仰角

因土层松软及钻杆重力,管棚在钻进过程中要发生向下弯曲,在开孔钻进时要有一定的上仰角度。如果上仰角度过小,管棚会因向下弯曲而进入隧道区域,在隧道掘进时需要将钢管割去,从而严重影响隧道掘进速度和安全;如果上仰角度过大,使管棚远离隧道外径而失去支护作用,而且使管棚有效支护长度缩短。为此需要确定合适的管棚上仰角度,一般影响管棚向下弯曲程度的因素主要有:

1) 岩层条件,如松软、破碎、强度不均匀或存在空洞等。

2) 管棚材料质量,如钢管刚度、抗弯强度、管棚前端钻头加工质量、管棚同心度等。

3) 钻进工艺,如钻机位置、高度、方向的准确度、钻进时给进力度、循环液流量以及钻机操作等。充分考虑上述因素,并结合具体的地质条件,管棚上仰角度一般可取 $1°$~$3°$。

(7) 管棚注浆参数

打入钢管后,以一定的压力注入浆液,浆液通过钢管上的注浆孔渗入围岩,使隧道周围一定范围内的围岩得到加固,即围岩和管棚支护一起组成超前支护体系,在管棚体系保护下进行开挖和支护作业,作业环境大为改善,提高了施工的安全性。在地下工程施工中,注浆的作用主要是浆液以填充、渗透或挤密的方式填充岩体的空隙并赶走土颗粒间或岩石裂隙中的水分和空气并占据其位置,浆液将包围原来的松散颗粒并胶结成整体,从而改变围岩的物理力学参数,使围岩的承载作用增强,同时起到防渗的作用。选取浆液时,应同时考虑以下几个方面:浆液的可注性、浆液凝胶体强度、机械设备、浆液的凝聚时间、材料来源、价格和是否有毒。根据现场经验,地下工程注浆的浆液一般采用纯水泥浆液、水泥—水玻璃浆液、水玻璃浆液。表 2-12 列出了常用浆液的特点及其适用范围。

常用浆液的特点及其适用范围　　　表 2-12

浆 液	主要特点	适用地层
水泥浆液	优点：结石率高，结石体强度高，材料来源广泛，成本较低，无毒性，施工工艺简单方便。 缺点：稳定性差，易沉淀析水；凝结时间长且不易控制，从数小时到数十小时并随水灰比的增加而延长	砂质土层
水泥—水玻璃浆液	优点：可注性较好，结石体抗压强度较高；凝胶时间短且可控性好，凝结时间主要受水泥浆与水玻璃体积比、水泥浆浓度和水玻璃浓度影响，凝结时间可控制在几秒到几十分钟之内。 缺点：有碱溶出，对皮肤有腐蚀性；结石体易粉化，化学结构不稳定	卵石层、堆积体
水玻璃浆液	优点：凝结时间短，从数秒到数小时不等，黏度低，可灌性好，渗透性强，可灌入 0.1mm 宽缝隙以上的地层。 缺点：结石体强度低，耐久性差；对环境有一定污染；造价比水泥浆液昂贵	粘土层

注浆压力是给予浆液在岩土层中渗透、扩散、劈裂及压实的能量来源，其大小决定着注浆效果的好坏和费用的高低。一般注浆压力小于或等于地层容许注浆压力。管棚的注浆压力一般采用 0.5~1.0MPa，有涌水时适当加大，当涌水压力很大时，宜先进行预注浆堵水而后打设管棚。

浆液的扩散半径，应根据钢管的间距确定：

$$R = (0.6 \sim 0.7)L_0 \tag{2-76}$$

式中　R——浆液扩散半径（m）；

L_0——管棚相邻两根钢管中心间距（m）。

单孔注浆量采用充填注浆计算公式计算：

$$Q = \pi R^2 L \beta \alpha n \qquad (2\text{-}77)$$

式中 Q——单孔注浆量（m³）；

R——浆液有效扩散半径（m）；

n——岩体孔隙率，$n<1$；

L——注浆孔总长度（m）；

α——有效充填系数，$\alpha<1$；

β——浆液耗散系数，$\beta>1$。

一般浆液扩散半径和岩体孔隙率很难准确获得，在前期设计中可以参考同类工程项目或进行现场试验测定。注浆总量应以现场实际记录量为准，并通过反算 R 和 n 来检验注浆效果。

注浆浆液可采用水泥浆液或水泥—水玻璃浆液。水泥浆液的水灰比一般为 1∶1～0.5∶1；水泥与水玻璃的体积比为 1∶0.5～1∶1，常用 1∶0.5。

为了防止浆液渗漏，注浆时应预留止浆岩墙，一般尾部 1.5m 范围内不钻孔以作为下一循环注浆的止浆岩墙。

（8）钢拱架间距

浅埋或洞口段宜用工字钢架，破碎带或软弱层可用格栅钢架，或工字钢架与格栅钢架间隔使用。间距：Ⅵ级围岩地段 0.6～0.75m，特殊情况下可加密。

（9）管棚工作室及套拱（导向墙）的设计

当采用多循环长管棚支护时，需在下一循环管棚施工处设置工作室。长管棚工作室的宽度取决于隧道标准开挖断面尺寸、钻机尺寸及操作时所需的空间；长度取决于每节钢管的长度、钻机及钻杆接长所需要的最大长度，同时还要满足对钢管进行纠偏操作的空间。

为准确控制长管棚的打入方向，通常在隧道洞口浇筑混凝土以形成套拱，在洞内工作室的端头（即工作面位置）通过喷射混凝土施作管棚起始端的导向墙，套拱或导向墙的主要作用是作为管棚施工导向和起始固定端，并兼作注浆时的止浆墙。套拱内按一定间距设工字钢或钢筋格栅拱架，拱架外侧用钢筋绑焊无缝钢管作为管棚钻孔施工的导向管。为防止钻头因自重产生下沉而侵入隧道开挖轮廓线，孔口导向管应按一定外插角设置，一般套拱的构造可参见图 2-21。

2.4.4.3 管棚支护施工

大管棚简要的施工工艺流程如图 2-32。

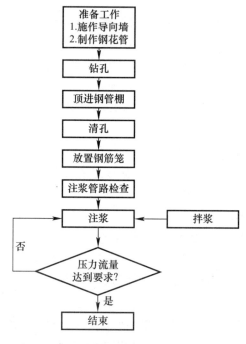

图 2-32 管棚施工工艺流程图

（1）施工前的准备工作

1）疏排水源。

疏导洞身附近的水源，砌筑顶沟；增设环形截水沟，拦截地表水；建立枝状排水系统，使地表水尽快顺畅地排出洞口不稳定范围。

2) 导向墙施作。

导向墙对于控制钢管的钻孔方向至关重要，同时也可兼作止浆墙。导向墙的厚度为90cm，材料采用C20混凝土，其中按设计钻孔位置预埋 $\phi 127 \times 5.5 \text{mm}$ 的导向钢管，并将孔口预埋一定的上抬量。具体的施工图如图2-33。

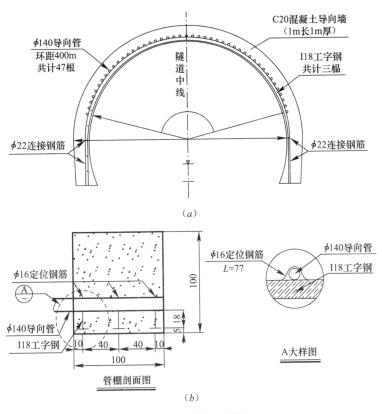

图2-33 导向墙施作（单位：cm）
(a) 导向墙布置图；(b) 导向墙剖面图

3) 钢花管制作。

钢花管按照设计要求制作，管头加工成锥形以便送入，为确保接头质量，以长15cm的丝扣连接，或在端头连接处采用一根长 1.0m 的 ϕ100 钢管，伸入 ϕ108 钢管中 40cm，在端部用电焊将管之间焊缝焊满，剩余 60cm 用作送入前一根钢管的尾部，并用电焊焊满，起连接和导向的作用。为防止浆液倒流，每根管棚尾部均焊接有止浆板，止浆板采用 2cm 厚钢板制作，中间钻有 ϕ20 带螺纹的眼，以备注浆时用。

单节钢管长 2m，管身用电钻钻出 ϕ8 溢浆孔，孔间距为 200mm，呈梅花形布置。钢管之间采用活接头内套丝连接，活接头 $L=30$cm。加工好的管棚钢管如图 2-34 所示。

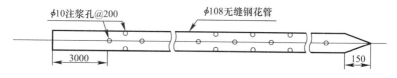

图 2-34 钢管加工示意图

（2）管棚的施作

1）测量放样。

测量人员按设计图样放出钻孔位置，孔口处采用十字线确定孔口中心，确保位置准确，测量放样出隧道设计轮廓线并按 40cm 的间距标出管棚的位置。孔位测放完成后，经施工员、质量员及驻地监理工程师验收。

2）安放定位导管。

孔位测放完成后，安放 ϕ150 定位导管，ϕ150 导管长 2m，外露出 10cm，嵌入一衬结构及土体，倾角为 1.5°，导管与一衬格栅焊接牢固，导管安放完毕后，利用经纬仪、水准仪测量倾斜角度，确保后续管棚施工质量达到要求。

3）钻机进场及就位。

在竖井内管棚孔口以下 1.2~1.5m 位置，钻机下方土体不得超挖，并清理平整，铺垫两层 15cm×15cm 方木，方木横竖交叉放置稳固，再将钻机安放在顶层方木上。

4) 钻孔。

使用顶驱液动锤按设计角度 1°～2°，把套管与钻杆同时同步冲击回转钻入岩土层内至设计深度。套管与钻具同时跟进，产生护孔功能，避免内钻杆在提出孔后产生塌孔或涌水事故，提供临时护孔，方便往孔内插管注浆。

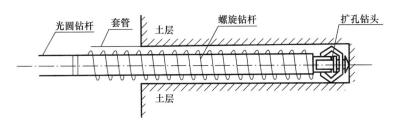

图 2-35　螺旋钻进工艺

钻孔要求精度高，终孔位置准确，各开孔的孔眼与终孔的孔眼落在同一周界面上，避免产生较大的偏差和变形。同时要确保钻孔的同轴度，以避免管棚送入时受卡。螺旋钻进施工要求如下：

① 钻机安装完成后调试仪器仪表，连接第一根钻具，按设计要求使用 $\phi150$ 钻头钻进。

② 钻机主要技术参数如下：

  a. 钻孔直径（mm）　　　　　$\phi110 \times 250$
  b. 钻孔深度（m）　　　　　　120×80
  c. 钻孔角度（°）　　　　　　 $0 \sim 360$
  d. 动力头行程（mm）　　　　1800
  e. 动力机功率（kW）　　　　 37
  f. 配套钻杆规格（mm）　　　$\phi114/\phi89 \times 1500$
  g. 钻机外廓尺寸（m）　　　　$3.5 \times 1.8 \times 2.0$
  h. 钻机总重（kg）　　　　　　3200

③ 导航仪器严格遵守使用技术规程，正确安装，细心调试，直到深度测量误差小于 10cm 为止。

④ 安装钻具，首先接第一根钻杆，而后在其前端装导向钻头。

⑤ 由于钻孔位置要求严格，在第一根钻杆钻进过程中一定要控制钻进参数（转数约为 35r/min）。

⑥ 每钻进 1m 必须进行所有参数测定，包括深度、方位、倾角。准确详细记录每个测量点各参数（如深度、轨迹方向等）及时与操作人员联系沟通，确保钻孔施工准确无误。

⑦ 钻孔施工中严格控制钻孔轴线，若有偏差要及时纠正，纠偏遵守"勤纠少纠"的原则。

⑧ 钢管采用套箍焊接连接，单节钢管每根长度为 2.0m（隔一根管安设 1.0m 长的钢管作短管，以保证同一断面上的管接头数不超过 50%）。

5) 清孔。

钻孔完结后，先把套管内孔注水清洗后，才把钻杆取出。套管仍保留在孔内护孔。

6) 顶进钢管棚。

按设计要求，把加工好的钢花管顶入套管内，接头采用 15cm 长的厚壁管箍，上满丝扣；并把钢管轻轻打入岩土地内，以固定钢管不易滑出孔口。钢管插进后，取出套管，钻其他孔眼。套管取出时，冒落的岩土会于孔内压紧钢管。钢管口与孔口周壁用水泥密封。

当管棚安装完毕后，用小木楔在钢管与围岩壁楔紧，再用防水胶泥（锚固剂）将空隙封闭住。

7) 再次清孔，将钢筋笼插入钢花管内，使之与钢花管成为一体。

(3) 注浆

利用浆液的渗透作用和压密作用将周围岩体预先加固并封堵围岩的裂隙水，这样既能起到超前预支护的作用，同时也加强了管棚的强度和刚度。

1) 工艺流程，如图 2-36 所示。

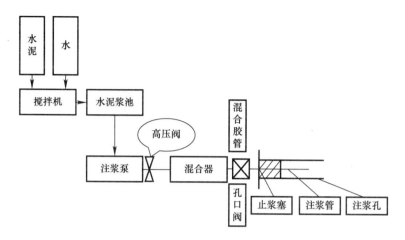

图 2-36 注浆工艺流程

2）注浆的技术要求：

① 注浆时一般总是先注无水孔，后注有水孔。在无水地段可从拱脚起顺序注浆。注浆速度根据注浆孔出水量大小而定，一般从快到慢。注浆结束时将闸阀关闭，卸下进浆管，进入下一循环。

② 注浆结束的标准：a. 注浆压力逐步升高，达到设计终压并继续注浆 10min 以上；b. 进浆量一般为 20～30L/min。注浆结束后用 M10 水泥砂浆充填管棚钢管，增强钢管的强度和刚度。

③ 时刻注意观察注浆管周围防水胶泥变化情况，防止浆液压力增加时将其冲裂。

④ 注浆过程中随时检查孔口、邻孔、覆盖层较薄部位有无串浆现象，如发生串浆，应立即停止注浆或采用间歇式注浆封堵串浆口，也可采用棉纱、木楔、快硬水泥砂浆或锚固剂封堵，直至不再串浆时再继续注浆。注浆过程中压力如突然升高，可能发生堵管，应停机检查。

（4）施工机械设备

大管棚施工所需的主要机械设备见表 2-13。

大管棚施工所需主要机械设备表　　　　表 2-13

机械名称	规格型号	单位	数量
电焊机	BX-500	台	4
电动葫芦	10P	台	3
铲运机	JZ-50	台	1
载重汽车	15t	台	6
锚喷机	TK-961	台	1
空压机	PU400	台	1
注浆机	GZJB4m3	台	1
空压机	BH9/7	台	1
工程钻机	YGL-100	台	1

YGL-100 型工程钻机是将原钻机整体组装在履带底盘上的全液压驱动动力头式钻机。钻机特点是钻机整体性好，移机迅速，对中孔位方便；钻机底盘为钢履带，接地比压小，承载能力大；钻机主要液压件选用国内外名优产品，整机性能稳定、可靠。

（5）施工技术措施要点

1）管棚的施工偏差控制。

钻孔的外插角、孔位、孔深、孔径施工允许偏差和检验方法应符合表 2-14 的规定。

管棚施工允许偏差和检验方法　　　　表 2-14

项目	外插角	孔位	孔深	孔径	检验数量	检验方法
管棚	1°	±50mm	±30mm	比钢管直径大 30～40mm	施工单位全数检查	仪器测量、尺量

2）浆液质量控制。

注浆采用无污染材料，浆液强度和配合比符合设计要求，且浆液充满钢管及周围的孔隙。

检验数量：施工单位全数检查；监理单位按施工单位检查数量的 30% 做见证检验或 10% 做平行检验。

检验方法：观察检查和检查注浆记录。

3）导向孔精度控制措施：

① 安装钻机要求孔位对正，基础牢固，依照设计钻孔轴线对正钻机动力轴中心，钻机底部铺设两层 15cm×15cm 方木作为基础，采用测量仪器测量其轴线及中心高程，确保无误后，分别在钻机两侧及前后钉入地锚固定钻机。

② 在实际环境条件下，进行深度校核。假设实际钻孔距地表探测接收仪深度为 A，而仪器实际测量值为 $A+T$，则 T 为该工区深度探测标定值。依次标定值为依据，对每点探测值进行校正。

③ 深度纠正。如果探测校正值大于设计深度值，则通知司钻调整方位角为 12 点进行顶进；如果探测标定值小于设计深度值，则通知司钻调整方位角为 6 点进行顶进；每次顶进长度依据测得的偏差值而定，直到深度值符合设计值再进行正常钻进。

④ 采用倾角控制深度。对于每个探测点必须测量其倾角，如果其倾角均保持零度，则钻孔保持水平，满足设计要求；如果不为零度，可以此值计算深度偏差值进行纠正。

⑤ 方向纠正。如果探测点位于地表投影线的右侧，则通知司钻调整方角为 9 点进行顶进；如果探测点位于地表投影线的左侧，则通知司钻调整方位角为 3 点进行顶进；每次项进长度依据测得的偏差值而定，直到测量点方向符合设计值再进行。

4）设备操作故障预防措施：

① 在断开任何管路之前，应先释放压力。在系统压力升高之前，应确定所有的连接是否严密，线路、管道和水管有无受损。

② 不要接触回转的钻杆。

③ 在启动任何设备之前，使用预先设置好紧急关机程序。

2.4.5 水平旋喷注浆支护

水平旋喷桩技术是 20 世纪 80 年代初日本开发的预支护技术。其施工方法是在洞内开挖面前方，利用水平旋喷钻机沿隧道开挖轮廓一般按间距 25~40cm、长 12~15m 钻孔,当钻至设计长度后,高压泵开始输送高压浆液,以高压设备使浆液成为 20MPa 左右的高压射流从喷嘴中喷射出来,同时钻头一边旋转一边后退,并使浆液从钻头处的喷嘴中高速射出,射流切割下的砂体与喷出的浆液在射流的搅拌作用下混合,最后凝固成一定直径的旋喷柱体。隧道水平旋喷注浆超前支护技术就是沿隧道拱部外缘用水平布置的水泥旋喷桩相互搭接形成拱棚,在它的保护下开挖隧道,也称为水平旋喷工法。

2.4.5.1 概述

高压喷射注浆技术亦称旋喷法或高喷法,它是由化学注浆结合高压射流切割技术发展起来,成为加固软弱土体的一种地基处理技术。高压喷射注浆的施工工艺是采用钻机先钻至预定深度后,由钻杆端部安装的喷嘴,以高压喷射流使浆液与土体混合,凝固硬化加固地基的方法。固结体的形状与土层性质密切相关,同时也随喷射参数的不同而不同。

(1) 高压喷射流的种类及其构造

高压喷射注浆所使用的喷射流共有四种:

① 单管旋喷注浆喷射流为单一的高压水泥浆液喷射流。

② 二重管喷射流为高压浆液喷射流与其外部环绕的压缩空气喷射流,组成为复合式高压喷射流。

③ 三重管喷射流由高压水喷射流与其外部环绕的压缩空气喷射流,组成为复合式高压喷射流。

④ 多重管喷射流为高压水喷射流。

以上四种喷射流破坏土体的效果不同,但其构造可以划分成单液高压喷射流和水(浆)气同轴喷射流两种类型。

1) 单液高压喷射流的构造。

单管旋喷注浆使用高压喷射水泥流和多重管的高压水喷射流,它们的射流构造可以用高速水联系射流在空气中的模式予以说明。水在静止的空气中喷射时,随着速度的增加,其流动状态呈水束→层流→纵向摆动紊流→横向摆动紊流→喷雾变化。高压喷射流的构造沿着射流中心轴，分为初期区域、主要区域和终期区域，初期区域包括喷流核和迁移段。高压喷射流的构造见图2-37所示。图中 P 为流速压力；V 为流速；ρ 为密度；p_0 为喷嘴出口流速压力；v_0 为喷嘴出口流速；ρ_0 为出口密度；P_m 为终期流速压力（Pa）；V_m 为终期流速；ρ_m 为终期密度。

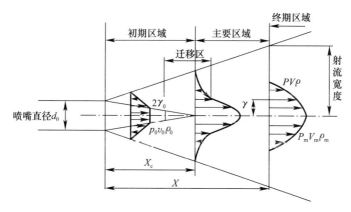

图 2-37 高压喷射流的构造

初期区域的长度是喷射流的一个重要参数，可以据此判断破碎土体和搅拌的效果。在空气中喷射初期区域的长度为（75～100）d_0，在水中为（6.0～6.5）d_0，d_0 为喷嘴直径。

主要区域在初期区域之后，由于能量的转移和沿程损失，轴向动压陡然降低，喷射流速度进一步降低。在土中喷射时，喷射流与土在本区域内掺搅混合。终期区域内的喷射流处于能量衰竭状态，喷射流宽度很大，与空气混合在一起呈雾状。喷射流体的轴向动压，直接影响着喷射流体对土体的冲切掺搅能力。

总之，随着离开喷嘴距离的增加，射流可划分成水流、水滴和雾状流体三个部分，在一定的射程内保持很高的速度和动压力，而随着离开喷嘴距离的增加，速度和压力均逐渐减小。喷射流体的轴向动压及速度直接影响着喷射流体对土体的冲切掺搅能力。

2) 水（浆）、气同轴喷射流的构造和特性。

二重管旋喷注浆的浆气同轴喷射注浆和水气同轴喷射流除喷射介质不同外，都是在喷射流的外围同轴喷射圆筒状的气流，它们的构造基本相同。水气同轴喷射流分为初期区域、迁移区域和主要区域。

由于喷射流在空气和水中的摩阻力不同，在动水压力相同的情况下，喷射距离在水中要比在空气中小的多，在高压射流的外部喷射高速气流后，其喷射距离要比在水中无气流有明显增加。故在二管和三管喷射灌浆时，都是在喷射流周围与其同轴喷射环状气流，减缓其压力衰减程度，增加射流的冲切能力。水气同轴喷射时，空气流量的大小对高压射流也有较大影响，随着空气流量的增加，喷射长度也增加。

(2) 高压喷射流性质

高压喷射流是通过高压发生装置，产生巨大的能量后，通过一定形状的喷嘴，用一定特定的流体运动方式，以很高的流速连续喷射出能量高度集中的液体射流。从流体力学知道，高压水连续射流的速度和功率可按下列公式计算：

$$v_0 = \varphi \sqrt{2g \frac{p}{\gamma}} \tag{2-78}$$

经过换算得：

$$\varphi^2 p - \frac{\gamma v_0^2}{2g} = p_0 \tag{2-79}$$

式中　v_0——喷嘴出口流速（m/s）；

p——喷嘴入口流速压力（Pa）；

p_0——喷嘴出口流速压力（Pa）；

γ——水的容重（kN/m³）；

g——重力加速度（9.81m/s²）；

φ——喷嘴流速系数，圆锥形喷嘴 $\varphi \approx 0.97$。

高压水喷射流的流量计算公式为：$Q = \mu_0 F_0 v_0$；根据式 (2-78) 得：

$$Q = \mu_0 F_0 \varphi \sqrt{2g \frac{p}{\gamma}} \tag{2-80}$$

式中　Q——流量（m^3/s）；

　　　μ_0——流量系数，圆锥形喷嘴 $\mu_0 \approx 0.95$；

　　　F_0——喷嘴出口面积（m^2）。

在高压高速条件下，在单位时间内从喷嘴中射出的射流具有很大的能量，若某个力在时间 t 内做的功为 A，它的功率 N 为：

$$N = \frac{A}{t} \tag{2-81}$$

喷射压力所做的功 A，作用在活塞上的总压力 $P = pF$（F 为活塞承压面积），推动活塞移动距离为 l，即 $A = P_l = pF_l = pW$（W 为气体体积），喷射流的功率为：

$$N = \frac{A}{t} = \frac{pW}{t} = pQ \tag{2-82}$$

将 $1kW = 1000N \cdot m/s$ 换算得出喷射功率计算式：

$$N = 3p^{\frac{3}{2}} d_0^2 \times 10^{-9} \tag{2-83}$$

式中　N——喷射流的功率（kW）；

　　　d_0——喷嘴直径（cm）；

　　　p——泵的压力（Pa）。

如果喷射压力为 5~50MPa，喷嘴出口孔径分别为 1.8mm、2.2mm、3.0mm，采用水进行喷射。经计算，在喷嘴直径一定的情况下，出口的喷射流量及流速随喷射压力的升高而逐渐变大，出口的喷射流量也随喷嘴直径的变大而逐渐变大。而出口的喷射流量及流速直接影响着喷射流冲击破坏土体的能力，即直接影响着高压喷射注浆的加固效果。虽然喷嘴的出口孔径比较小，但高速射流携带了巨大的能量。

总体说来，当喷射的压力更高、喷嘴直径越大时，高压喷射注浆的加固效果越好，形成的固结体直径及强度越高。

(3) 高压喷射注浆的加固机理

高压喷射注浆是通过高压喷射流对土体产生的破坏作用，水泥浆液在喷射流作用范围内扩散、充填和置换，与土体颗粒掺混搅拌形成固结体，达到加固岩土体的效果。高压喷射流破坏土体的效果，随着土的物理力学性质的不同，存在着较大的差异。

1) 高压喷射流对土体的破坏作用

喷射流破坏土体的作用有很多，可归纳如下：

① 喷流动压。

高压喷射流冲击土体时，由于高度集中的能量冲击一个很小的区域，因而在这个区域内及其周围的土和土结构的组织之间，受到很大的压应力作用，当这些外力超过土颗粒结构的破坏临界数值，土体便受到破坏。

高压喷射法对土体的切割主要是高速的喷射流，而喷射流的破坏力 F 可用下式表示：

$$F = \rho Q v_{\mathrm{m}} \qquad (2\text{-}84)$$

式中　F——破坏力（N）；

　　　ρ——密度（kg/m³）；

　　　Q——流量（m³/s）；

　　　v_{m}——喷射流的平均速度（m/s）。

可见，气破坏力对于某一种密度的液体而言是与该射流的流量 Q 与流速 v 的乘积成正比，而流量 Q 又为喷射断面 A 与流速 V_{m} 的乘积。

$$Q = v_{\mathrm{m}} A \qquad (2\text{-}85)$$

将式（2-84）代入式（2-85）得到：

$$F = \rho A v_{\mathrm{m}}^2 \qquad (2\text{-}86)$$

可见当 ρ 和 A 为定值时，破坏力与流速的平方成正比。如果要获得大的破坏力，则需要通过高的压力产生大的流速，这也就是高压喷射法通常保持 20MPa 以上的压力。压力越高，流速越大，则破坏力越大，切割、搅拌土体的范围也增加。

② 喷射流的脉动负荷。

当喷射流不停地脉冲式冲击土体时，土粒表面受到的脉动负荷影响，残余变形逐渐积累，使土粒失掉平衡，促使了土的破坏。

射流喷出介质（水、气、浆）因受原动机（空压机、高压水泵、泥浆泵）及介质在管路中运动特性的影响，常出现周期性的振动现象，使得喷出的压力难以恒定不变，加之地层情况多变，射流冲切土层远近、深浅不均，阻力大小不一，从而引起喷射面上压力随时间的周期性变化而出现时大时小现象，即射流对土层作用脉冲荷载。在脉冲荷载不断作用下，土层会产生疲劳应力，并逐渐累积疲劳残余变形，使土粒失去平衡，从而促使土层破坏。

③ 水块冲击力。

由于喷射流连续地冲击土体，产生冲击力，促进破坏的进一步发展。

④ 空穴现象。

当土体没有被射出空洞时，喷射流冲击土体以冲击面上的大气压力为基础，产生压力变动，在压力差大的部位产生孔洞，呈现出类似空穴的现象，在冲击面上的土体被气泡的破坏力所腐蚀，使冲击面破坏。此外，在空穴中，由于喷射流的激烈紊流，也有把较软弱的土体掏空，造成空穴扩大，使更多的土粒遭受破坏。

射流束喷在土层上，由于喷压大小的变化及土层距喷嘴距离的不同，土层产生的压力大小也随之变化，加上射流在土粒表面产生水流，而土粒大小不均匀，使部分颗粒上的压力降低，在土粒处出现空蚀现象，使土体受到破坏。高压射流本身呈激烈的紊流状态，也对土层产生空蚀现象，土粒不断被剥离下来，使土层破坏。

⑤ 水楔效应。

当喷射流充满土层时，由于喷射流的反作用力，产生水楔。喷射流在垂直喷射流轴线的方向上，楔入土体的裂隙或薄弱部分中，这时喷射流的动压变为静压，使土发生剥落加宽裂隙。

⑥ 挤压力。

喷射流在终期区域能量衰减很大，不能直接冲击土体使土粒剥落，但能对有效射程的边界土体产生挤压力，对四周土有压密作用，并使部分浆液进入土粒之间的空隙里，使固结与四周土紧密相依，不产生脱离现象。

⑦ 气流搅动。

在使用水或浆与气的同轴喷射作用时，空气流使水或浆的高压喷射流从破坏土体上将土粒迅速吹散，使高压喷射流的喷射破坏条件得到改善，阻力大大减少，能量消耗降低，因而增大了高压喷射流的破坏能力。

2) 高压喷射注浆的作用机理

① 射流的冲切掺搅作用。

强大的射流作用于土体，将直接冲切土层。在射流范围内，土体承受射流动压力、沿孔隙作用的水力、劈裂力、脉动压力和连续喷射造成土体强度疲劳等综合作用，破坏土体结构，在射流产生的卷吸扩散作用下，使浆液与被冲切下来的土体掺搅混合。

② 细颗粒升扬被浆液置换。

浆（水）气同轴时喷射时，压缩空气除了起保护射流束外，能量释放过后产生的气泡，能将从孔底夹带冲切下来的土体细颗粒沿孔壁向上升扬流出孔口，部分被灌土体部分颗粒被升扬置换出地面，同时浆液被掺搅灌入地层，可改善和提高浆液的密实性和强度。喷射灌浆仅能置换土层中的细颗粒，而较粗颗粒将与灌入的水泥浆凝结成强度较高的凝结体。

③ 射流的充填挤压作用。

射流束末端不能冲切土体，但对土体有侧向挤压力，在灌入浆体的静压作用下，促使凝结体与两侧的土体结合更加紧密。

④ 水泥浆液渗透凝结作用。

喷射灌浆过程除在冲切范围内形成凝结体外，还可向冲切范围以外产生浆液渗透作用，形成渗透凝结层。当浆液向两侧渗透作用停止或不产生渗透作用（渗透性较弱地层，如粘土层）时，则在射流冲切范围周侧产生明显的浆液凝结层，可称为挤压层或浆皮层。

⑤ 颗粒位移袄裹作用。

在射流冲切掺搅过程中，射流将大颗粒移动，被浆液袄裹，水泥浆液也可沿着大颗粒周围直接产生袄裹充填凝结作用。

3）固结体的形状及影响因素

高压喷射注浆形成凝结体的形状与喷嘴移动方向和持续时间有密切关系。当喷射流固定在一个方向喷射，能量集中，自下而上强行切割地层形成一条沟槽，较大颗粒被射流挤压冲击在沟槽周边，沟槽内被浆液或浆液与土中细颗粒所充填，形成质地均匀的板体。这种喷射方式为定喷。当喷射流沿着自下而上和旋转的复合作用切削地层，在提升旋喷注浆的过程中，高压喷射流在慢速旋转的同时缓缓上升，把土体切削破坏，扩大钻孔，其加固的范围就是喷射距离加上渗透部分或挤压部分的长度成为半径的圆柱体。剥落下来的一部分细小的土颗粒被喷射的浆液所转换，随着浆液被带到孔口（即孔口溢流），其余的土粒与浆液混合。在喷射动压、离心力和重力的共同作用下，在横断面上土粒按其质量大小有规律的排列起来，小颗粒在上中部居多，大颗粒土多在外侧和边缘部分（四周未被剥落的土粒则被挤密压缩），形成浆液主体、搅拌混合、压缩和渗透层等部分，经过一定的时间便凝固成强度高、渗透系数小的旋喷桩固结体。旋喷桩中心的浆液成分多、土粒成分少，强度较高，桩身次之，这种喷射方式为旋喷。图 2-38 为在砂土和粘性土中的旋喷固结体横断面示意图。

固结体的主要特征与性质：

① 直径。

旋喷固结体的直径大小与土的种类和密实程度有较密切的关系。对粘性土地基加固，单管旋喷注浆加固结体直径一般为 0.3~0.8m；三重管旋喷注浆加固结体直径可达 0.7~1.8m；二

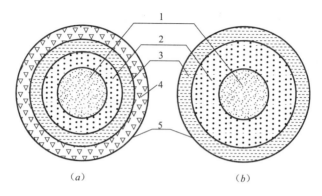

图 2-38 旋喷固结体横断面结构示意图
(a) 砂土；(b) 粘性土
1—浆液主体部分；2—搅拌混合部分；3—压缩部分；4—渗透部分；5—硬壳

重管旋喷注浆加固结体直径介于以上两者之间；多重管旋喷直径为 $2.0 \sim 4.0 \mathrm{m}$。

② 固结体形状。

固结体按喷嘴的运动规律不同而形成均匀圆柱状、非均匀圆柱状、圆盘状、板墙状、扇形壁状等，同时因土质和工艺不同而有所差异。在均质土中，旋喷的圆柱体比较均匀；而在非均质土或裂隙土中，旋喷的圆柱体不匀称。三重管旋喷固结体受气流影响，在粉质砂土中外表格外粗糙；在深度很大时，如不采取相应措施，旋喷固结体可能呈粗细不规则的圆柱状。

③ 渗透系数。

固结体内虽有一定的孔隙，但这些孔隙并不贯通，而且固结体有一层较致密的硬壳，其渗透系数达 $10^{-6} \mathrm{cm/s}$ 或更小，故具有一定的防渗性能。

④ 强度。

土体经过喷射后，土粒重新排列，水泥等浆液含量大。由于旋喷桩中心的浆液成分多、土粒成分少，强度较高，桩身次之，与土交接的边缘处有一圈坚硬的外壳。影响强度的主要因素是土质和浆材，有时使用同一种浆材配方，软粘土的固结强度成倍地小于砂土固结强度。一般在粘性土和黄土中的固结体，其抗压强度可达 5~10MPa，砂类土和砂砾层中的固结体抗压强度可达 8~20MPa。

⑤ 单桩承载力。

旋喷柱状固结体有较高的强度，外形凹凸不平，因此有较大的承载力，固结体直径越大，其承载力越高。文献通过试验总结了粘土与砂土的水平旋喷固结体性能，指出：

旋喷固结体的强度是原状土强度的几十倍，固结体的变形模量 E_{50} 与它之间存在近似的线性关系，固结体的容重较原状土也有显著提高。

试验中粘土原状土的无侧限抗压强度 R_c 为 65kPa，从试验可以看出水平旋喷加固后固结体抗压及抗拉强度较原状土都有显著提高，提高幅度可达几十倍。同时，砂土的旋喷固结体强度显著高于粘土旋喷固结体的强度。变形模量 E_{50} 是旋喷预支护设计中的一个重要参数，当固结体的应力达无侧限抗压强度的 50% 时，固结体应力与应变的比值称为旋喷固结体的变形模量，它反映了水平旋喷固结体抵抗外力变形的平均能力。试验结果表明：当粘土固结体的无侧限抗压强度 $R_c=4.98\sim10.74$MPa 时，其压缩模量 $E_{50}=2.68\sim7.89$GPa；当砂土固结体的无侧限抗压强度 $R_c=10.58\sim15.89$MPa 时，其压缩模量 $E_{50}=13.96\sim21.30$GPa。水平旋喷后原来密度较大的地层，部分被水灰比较大的浆液置换，固结体的容重比原状土有所降低，如粘土原状土容重为 18.07kN/m³，固结体容重为 16.13kN/m³，降低了 10.7%；原来密度较小的地层，孔隙被浆液填充，固结体的容重比原状土相应提高，如砂土原状土容重为 14.70kN/m³，固结体容重为 17.54kN/m³，提高了 19.3%。

固结体的特征与性质主要由以下因素决定：土的类别及其密实程度、高压喷射注浆方法、注浆材料及水灰比、喷射技术参数（包括喷射压力与流量、喷嘴直径与个数、压缩空气的压力、流量与喷嘴间隙、注浆管的提升速度与浆液移动方向等)。

(4) 水平旋喷桩超前支护的作用

在施工控制效果上，水平旋喷超前支护的作用主要表现为以下几个方面：

① 防塌方。

由于水平旋喷固结体的作用，减小了工作面上覆的土压力，稳定了围岩，从而避免了土体塌方，即便有一定程度沉降的产生，也不会发生灾难性事故。

② 阻断沉降作用。

由水平旋喷固结体的超前预支护作用，可有效抑制地面和拱顶沉降；

③ 均匀沉降曲线。

由于水平旋喷固结体的承托作用，使得沉降槽沉降集中的程度大幅度减小，沉降总量在减小的同时有向两端均匀分布的趋势。

④ 提高土层物理参数，增大地层自稳能力。

(5) 水平旋喷桩的适用范围

1) 适用地层。

水平旋喷技术由高压喷射注浆技术发展而来，因此，在地层适应范围上，与高压喷射注浆基本类似，不仅如此，水平旋喷技术适应范围还受水平旋喷所采用的喷射方式（单管、双管、多重管等）影响。可适用于处理淤泥、淤泥质土、流塑、软塑或可塑粘性土、粉土、砂土、黄土、素填土和碎石土等地层。对于含大粒径块石、大量植物有机质，以及地下水流速过大和已涌水的场地，应根据现场适应结果确定其适用性。

2) 适用工程类型。

水平旋喷的成桩机理和固结体性能与竖直旋喷基本相同，可以在旋喷后插入钢筋以增强固结体的抗弯、抗剪强度，固结体周围地层也因挤压渗透作用得到一定程度的加固。因此，凡是需要应用高压旋喷的工程，由于条件限制，不能或不适合进行竖直钻孔高压旋喷时，都可考虑采用水平或倾斜钻孔旋喷。水平旋喷作为一种先进的高压灌浆加固技术，可以适应于既有建筑物和新建建筑物地基加固，深基坑、地铁等工程的土层加固或防水，其主要的适用范围包括以下几个方面：

① 土地层隧道预支护。

水平旋喷工法在施工时旋喷的压力较大，可以填补土体内存在的空洞，旋喷桩的桩与桩之间能相互咬合，刚度较大，能有效减小隧道周围土体的位移。在土体中形成很厚的重力式半刚半柔性的主动支护挡土、止水结构体系。该结构体系属于主动制约的稳定机制，可起到超前支护抗滑移、抗隆起、抗压、抗剪等作用。通过土体中多层补强、加固效应，从而达到土体稳定的目的。

旋喷拱棚、钢管棚和预切槽都被列为先进的"预支护"技术。它们各有优缺点，钢管棚强度高，但耗钢量大，在富水地层还会从管间缝隙漏水。预切槽拱厚均匀，但长度有限，在极软含水地层中槽孔不易保持。旋喷拱既有一定强度又能防止渗漏，在极软地层中可以有效控制上方土体变形。日本已在铁路、公路、水工隧道及地铁施工中推广 RJFP（Rodin Jet Flow Pile）工法，取得良好效果。欧美等国在隧道施工中也把水平旋喷作为基本技术方案加以应用。在我国，管棚应用比较成功，预切槽也已立项研究、试验，水平旋喷技术开展及研究、施工运用方面尚刚刚起步，因此水平旋喷隧道预支护技术在我国有着广泛的应用前景。

② 线路工程、机场、特殊场地的地基加固。

除了浅埋隧道的预加固外，水平旋喷技术由于机械设备良好的全方位施工特性，可以将喷射范围大大扩大，从而衍生出更多的加固方式，如地基补强、基础纠偏、传统方法无法实施的特殊位置的岩土加固工程等。特别是繁忙的铁路和高速公路、机场的路基需要加固时，由于地层地质条件、场地条件的限制，不宜用传统灌浆方式加固或加固效果不理想时，竖直钻孔又将影响行车，因此，可以利用水平（全方位）和倾斜钻孔旋喷在线路两侧进行地基加固。

③ 层锚固或土钉支护。

利用水平旋喷的压力系统还可以控制水平旋喷固结的范围，形成粗细结合的复杂加固形式，并且在旋喷完成后插入预应力钢绞线、锚筋等，形成扩大头或台阶形的锚杆支护，这样可以有效地减少锚固段长度，同时达到锚固效果，具有良好的工程运用前景。

锚杆在基坑护壁和边坡支护中越来越被广泛应用，为了增加锚固力，常在锚孔底端用爆破或专用机械扩孔，这增加了作业时间和机械的复杂性。锚索放置后注浆常常不能充分充填空隙，影响质量。利用水平旋喷的全方位高压喷射注浆体系，旋喷固结体的直径和形状可以人为控制，可以根据需要在不同地段喷成葫芦形、倒锥形、螺旋形，锚固力将大大提高。

④ 快速治理中小型滑坡。

滑坡治理工程中，竖直抗滑桩无论挖孔或钻孔都要一个孔立一次钻架，桩也较长。用倾斜钻孔高压旋喷可以定一次钻机位置钻几个孔，孔的方向还可大致与滑动面正交，从而减小桩的长度。桩直径可以根据需要变化。可以插入钢筋增加抗弯、抗剪强度。如果能改善喷射工艺，如采用多管法喷射，有效地增加固结体直径，利用旋喷可作为大型抗滑桩，具有广泛的应用前景。

⑤ 其他工程中的应用。

其他工程如加固既有建筑物基础，加固下卧软层，桥墩台防护，护岸补强，防冲刷护底，保护塌岸，护堤防止漏水，地下防水墙，渠道防渗等工程，凡竖直旋喷难以实施，有条件设水平、倾斜孔的钻机时，都可应用此项技术。

2.4.5.2 水平旋喷桩支护设计

水平旋喷桩在隧道开挖过程中对地层位移和地表沉降有很好的抑制效果，但在实际工程中，水平旋喷桩的设计往往根据经验和工程类比法进行确定。采用经验法设计可能会造成参数选取不合理，若旋喷厚度太大，会造成不必要的浪费，若旋喷厚度太小，又达不到抑制地层位移和控制地表沉降的效果。因此，对水平旋喷施工技术这种新型的施工工艺，进行系统及规范的研究，建立一整套合理、经济的施工工艺标准就显得尤为必要，这里结合国内外同类工法的研究情况，对水平旋喷施工工法的工艺参数、流程控制、经济效益做一定的分析研究，总结水平旋喷施工工法的操作规程及现场控制因素。

(1) 设计原则

水平旋喷桩作为一直新兴的岩土加固技术，目前尚无统一的设计规范，根据《建筑地基处理技术规范》JGJ 79—2002 中有关高压喷射注浆法的设计要求，高压喷射注浆法的设计应根据半经验半理论的方法加以判断、确定，有条件的可以针对施工地层进行现场试验，以确定旋喷桩的桩径、强度与地层间的关系。因此，水平旋喷桩设计应遵循以下原则：

① 水平旋喷桩的设计要考虑多方面因素，场区土层条件、水文地质条件、地面荷载条件、隧道埋深以及隧道结构断面各项参数、施工方法等。综合考虑施工参数对加固区变形的影响，在确保地表结构安全使用的同时，保证施工的安全。在设计时综合考虑各种因素条件下，力求面面俱到。

② 对于复杂环境条件下岩土加固的问题，对水平旋喷桩的长度、水平旋喷桩施工的精度等有很高的要求，这样，在设计水平旋喷桩时必须考虑工艺的可行性，以满足施工要求，保证工程进度。

(2) 孔位布置设计

孔位布置方式根据工程性质确定，一般隧道预加固施工中，应先根据地层、设备等因素，确定水平旋喷桩的直径大小，根据直径大小考虑孔位布置。一般桩间应充分考虑搭接效果，通常设计桩径相互搭接不宜小于 50mm。喷射管分段提升的搭接长度不得小于 200mm。尤其在截水工程中尚需要采取可靠方案或措施保证相邻桩的搭接，防止截水失败。在普通硅酸盐水泥浆中掺入 2%～4% 的水玻璃，可显著提高固结体的抗渗性。

(3) 注浆量计算

根据计算所需的喷浆量和设计的水灰比,可确定水泥的使用数量。水泥浆液的水灰比视工程地质特点或实际工程要求确定,可取 0.8~1.5,常用 1.0。目前注浆量计算有体积法和喷量法两种,实际计算时取其计算结果的较大值作为设计喷射注浆量。

① 体积法。体积法按下式计算注浆量:

$$Q = \frac{\pi}{4}D^2 Kh\alpha(1+\beta) \tag{2-87}$$

式中 Q——浆液用量（m³）;

D——设计固结体直径（m）;

K——填充率（0.75~0.9）;

h——旋喷长度（m）;

α——折减系数（0.6~1.0）;

β——损失系数（0.1~0.2）。

② 喷量法。喷量法适合于旋喷桩及喷射板墙注浆量的计算,以单位时间喷射的浆量及持续时间计算浆量,计算公式为:

$$Q = \frac{H}{v}q(1+\beta) \tag{2-88}$$

式中 Q——浆液用量（m³）;

H——旋喷长度（m）;

v——提升速度（m/min）;

q——单位时间喷浆量（m³/min）;

β——损失系数（0.1~0.2）。

(4) 施工工艺参数

1) 旋喷压力。

喷射流的破坏力与射流速度的平方成正比,喷射注浆的压力越大,射流流量及流速就越大,喷射流的破坏力也就越大,处理地基的效果就越好。根据国内实际工程的应用实例,单管法及双管法的高压水泥浆和三管法高压水的压力原则上应大于 20MPa。

气流的压力以空气压缩机的最大压力为限,通常在 0.7MPa 左右,低压水泥浆的灌注压力通常在 1.0~2.0MPa 左右。

2) 喷嘴移动方式和速度。

为提高固结体直径或强度,可采取重复喷射的方式。采用旋转提升喷射方式时,一般提升速度为 0.05~0.25m/min,旋转速度可取 10~20r/min。控制旋喷钻进及提升的速度可以有效控制施工流程,防止出现塌孔、堵孔、地面隆起等现象,同时可以控制固结体形态等。对需要局部扩大加固范围或提高强度的部位,可采用复喷措施。

喷嘴直径的大小应为 2~3mm 较为合适,喷嘴直径过大会造成喷射流速度减小,影响喷射流对土体的破坏作用,同时流量过大易塌孔;而喷嘴过小易造成喷射流雾化,难以达到破坏土体的作用,且易堵孔。

3) 固结体直径。

高压射流切削土层的能力与以下因素有关:喷射流的流量与流速、喷嘴的口径、射流的密度、喷嘴的出口压力、喷嘴离对象(土层)的距离、对象的性状、喷嘴的移动速度以及侧向土压力。因此,要了解旋喷桩直径与施工参数的关系,一般是通过室内或现场试验,建立旋喷桩直径与各施工参数之间的关系,并得到有关计算公式。

① 考虑水泥浆流量的经验公式

日本喷流技术协会通过试验发现:旋喷施工时成桩半径与动态流体压力、流量、旋转速度及循环次数等因素有关。

$$L_m = \alpha_v K P^\alpha Q^\beta N^\gamma / v_n^\delta \tag{2-89}$$

式中　　P——喷射压力(kPa);

　　　　Q——喷射液体流量(L/min);

　　　　N——循环次数;

　　　　v_n——喷嘴移动速率(m/s);

　　　　L_m——成桩半径(m);

K——土性系数；

α_v——水平旋喷成桩直径系数（<1）；

α、β、γ、δ——回归常数。

② 考虑土体强度的经验公式

上述经验公式仅考虑施工参数，实际上地基土层的状态也影响到高压喷射流的切削效果，地基弱切削效果好；地基强度大，切削效果差。

$$L_m = \frac{\alpha_h K (P_m)^a (d_0)^b N^c}{(q_u)^n (V_{tr})^m} \quad (2-90)$$

式中　L_m——切削距离＝成桩半径（cm）；

　　　α_h——垂直旋喷成桩直径系数（<1）；

　　　K——土性系数；

　　　q_u——土层的无侧限抗压强度（MPa）；

　　　P_m——喷射压力（MPa）；

　　　d_0——喷嘴内径（cm）；

　　　N——循环次数；

　　　V_{tr}——喷嘴移动速率（cm/min）；

a、b、c、n、m——回归常数。

喷射固结体直径的确定是一个复杂的问题，一般只能用半经验的方法来判断、确定。

旋喷桩的设计直径（m）　　　表 2-15

土质	方法	单管法	双重管法	三重管法
粘性土	0<N<5	0.5～0.8	0.8～1.2	1.2～1.8
	6<N<10	0.4～0.7	0.7～1.1	1.0～1.6
砂土	0<N<10	0.6～1.0	1.0～1.4	1.5～2.0
	11<N<20	0.5～0.9	0.9～1.3	1.2～1.8
	21<N<30	0.4～0.8	0.8～1.2	0.9～1.5

注：N 为标准贯入击数

根据国内外的施工经验，旋喷桩设计直径可参考表 2-15 选用。旋喷桩直径的估算是否合理，直接牵涉到其工艺适用性，还与加固效果、工程的经济效益密切相关，对于大型或重要工程应通过现场喷射试验确定。

4）固结体强度的估计。

固结体的强度取决于土的性质、喷射的材料、水灰比等。对于大型或重要工程可通过室内试验确定；对于一般工程，若无试验资料可结合当地工程经验设定。一般 28d 强度，粘性土中为 3~5MPa，粉土中 5~8MPa，砂土中 8~20MPa。28d 后强度仍会继续增长，这种强度的增长可作为安全储备。选用桩身强度时，可根据土层的均匀性等因素综合考虑，一般土层较均匀时选高值，不均匀土层、杂填土、有机质含量高的土层选低值。

2.4.5.3 水平旋喷施工

尽管各种高压喷射注浆法所注入的介质种类和数量不同，但其施工程序却基本一致。首先仔细检查钻机、高压注浆泵运行是否正常，钻具、工具及其他配套设备是否齐全。其次检查钢筋网、喷混凝土封闭掌子面，在掌子面测量标出隧道开挖轮廓线，测量放线定桩位，并编好每个桩号，以便于施工时工序写实。最后要检查挖设排水沟和浆液沉淀池，废水和溢浆通过排水沟流入沉淀池后外运，以避免出现浸泡拱脚和污染施工现场现象。

根据现场试验的施工主要流程，水平旋喷施工工法的主要工序见图 2-39。主要工序描述如下：

（1）定位、调平钻机

使钻机满足施工所需的场地空间要求，调整机器高度，喷射角度，对好桩位，安装止浆阀。随后检查电力、浆液、压力系统的准备情况，为正式施工做好准备。设备布置时，应注意喷射孔与注浆泵的距离不宜过远，一般以不大于 50m 为宜，这样可以防止压力损失。施工前应详细检查钻孔位置与设计位置的偏差，如遇障碍物或调整孔位，应做好详细记录。

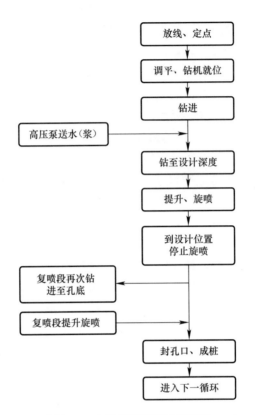

图 2-39 水平旋喷桩施工流程图

（2）钻孔

利用水平旋喷钻机，钻孔至预定深度，钻进过程中低压泵以 2~4MPa 的压力输送清水，这样有利于成孔，保持孔内通畅；高压泵保持 2MPa 左右的压力输送清水，防止土颗粒堵塞喷嘴。钻进过程中应注意保持钻杆平稳，匀速钻入，如发现进钻困难或突然加快，应及时采取控制措施，查明原因，随后继续进行。

（3）配制浆液

水平旋喷柱采取单液旋喷水泥浆液配合比为 1:1。水泥采用 P·O42.5 普通硅酸盐水泥。根据地质和涌水量情况，水泥浆液可以适当调整配比以进行优化。浆液在洞外高压泵站处配置，经高压泵站通过输送管输送至掌子面处。

（4）提升旋喷注浆

成孔至预定深度后随即收回提升钻杆，将带有喷嘴、调试好压力的钻杆下至设计喷射深度。按照预定的参数进行旋喷注浆，调整喷嘴位置，待浆液流出孔口后，即按设计的提升速度、旋转速度，自内往外开始喷射、旋转、提升到设计的终止位置停喷。局部桩位根据需要进行原位第二次喷射（复喷），复喷时喷射流冲击的对象为第一次喷射的浆土混合体，喷射流所遇阻力小于第一次喷射，如图 2-40 所示。复喷工艺就是钻进成孔后随即退钻喷射注浆成桩，提升至复喷段要求长度后，继续钻进至孔底，重新高压提升旋喷。运用复喷工艺可有效控制固结体直径，控制咬合效果。在实际的工程施工中，可采用隔桩跳打，隔桩复喷的工艺使桩与桩之间咬合紧密，达到很好防水的效果。

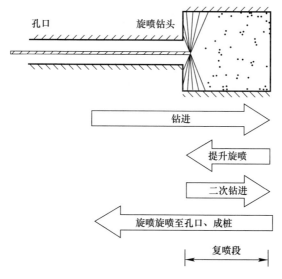

图 2-40 复喷工艺示意图

在回收钻杆，旋喷注浆的过程中，应保持好钻杆提升的水平及旋转速度，做好记录，并观察浆液用量是否正常，若发现压力异常，应及时查明原因并采取相应的措施。当喷射注浆区域附近有邻近构筑物时，应注意做好监测工作，确保安全。

（5）孔口止浆成桩

用于隧道预加固的水平旋喷桩，桩身一般上倾一定角度，因此，旋喷完毕后应及时进行止浆，如有需要可进行插筋后止浆。插筋后可以有效地增强桩体强度，更加有利于支护土体。施工中应做好废浆液的处理工作，设置集水坑和导流沟收集浆液集中处理。水平旋喷桩示意图如图 2-41 所示。

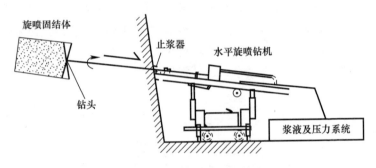

图 2-41 水平旋喷桩示意图

（6）水平旋喷桩施工设备

国外的全方位高压喷射设备均采用钻孔旋喷一体设计，主要包括两种类型多功能高压喷射钻机及隧道高压喷射管棚钻机。国外一般采用隧道专用高压喷射钻机完成拱形管棚，由小型多功能钻机完成拱角及底板加固。

1）多功能水平旋喷钻机。

多功能水平旋喷钻机一般都是将钻喷机构安装在多功能钻车上，既能钻水平孔又能钻竖直孔。这样的多功能钻车可以进行多种作业，既能旋喷又能进行小桩、压力注浆和锚杆的施工。可以根据不同工程不同作业的需要方便地调换部件，组成不同施工方法的机种。针对隧道施工特点和要求，国外开发了更适合隧道施工的多功能水平旋喷钻机，如德国宝峨公司的KR80512管棚钻机。

德国宝峨公司管棚钻机的特点：

① 套管与钻杆同时跟进冲击回转钻进穿孔，大扭矩回转套管钻进穿孔，提高了孔向精度及钻深能力。大功率冲击钻进，能轻易钻进块、卵砾石层、岩土层及破碎层。

② 钻架及主臂由两度油缸定位、支承及稳定扶正，避免在深孔作业时产生漂移，因此可提高探孔钻进精确度。

③ 钻架可作全方位调定位置，满足在狭窄的隧道内调定隧道周边的外偏角孔位或扇形孔、顶板孔孔位。

2）隧道专用管棚高压喷射钻机。

隧道专用高压喷射钻机是针对隧道施工环境下，为满足隧道钢管棚和喷射注浆管棚超前支护而专门设计的。具有可同步旋转的前后动力臂，以固定的中心点和外斜角旋转动力臂，能精确地完成拱形设置的旋喷管棚，并有足够的刚度保证在水平及上仰施工时，旋喷桩之间在桩体全长范围内的可靠搭接。国外设备品种规格齐全，已成系列化设备扭矩大，行程长12～16m，桅杆自动旋转，施工范围广，可在不移机的情况下，覆盖整个隧道定位精确，施工精度高自动化程度高，旋喷压力、流量、速度等参数均可在线显示记录，质量有保证。以意大利土力的设备比较著名，同类机型有SoilMec的SM.475、SM.500、SM.575、SM.605。

国内现有水平旋喷钻机与国外相比差距非常大，基本上为地质钻机改装而成，设备简陋、操作不便、效率低下、成桩质量难以保证，在水平和上仰方位的高压喷射注浆施工中，当高压喷射注浆钻杆停止高压喷射注浆并从孔口退出时，由于孔口卸荷和重力作用，流态的水泥土会从桩孔中外流，从而导致注浆体顶部出现空隙，桩体质量下降，使被加固土体的强度和抗渗性能降低、桩周未加固土体的变形量增大，在高压喷射注浆施工过程中，大量回流废浆液外流，造成施工场地的环境严重污染。

(7) 质量检验

注浆加固工程为隐蔽工程，其施工及成品均不可见，因此工程施工过程中和结束后，应加强施工效果的质量检验和检测，以确保建筑物的安全。

1) 施工质量检验。

高压喷射注浆方案确定后，应结合工程情况进行现场试验、试验性施工或根据工程经验确定施工参数及工艺，形成的加固体强度和范围，应通过现场试验确定，并在施工中严格加以控制。施工阶段质量检验的内容一般包括：注浆孔位置及喷射注浆起始标高，机具稳固性及旋喷角度，长度及旋转提升速度，制浆原材料质量及浆液配合比、水灰比，喷射灌浆压力，复喷次数及搭接长度等。施工过程中，应严格按照施工参数和材料用量施工，实行工序控制，严格工序检查，每道工序设专人跟踪验收，并如实做好各项记录。

2) 固结体质量检测。

高压喷射注浆可根据工程要求和当地经验采用开挖检查、取芯（常规取芯或软取芯）或其他方法进行检验，并结合工程测试、观测资料及实际效果综合评价加固效果。

开挖检查法虽简单易行，通常在浅层进行，难以对整个固结体的质量做全面检查。钻孔取芯是检验单孔固结体质量的常用方法，选用时需以不破坏固结体和有代表性为前提，可在 28d 后取芯或在未凝固以前软取芯（软弱粘性土地基）。检验点的位置应重点布置在有代表性的加固区，通常应布置在下列部位：有代表性的桩位、施工中出现异常情况的部位、地基情况复杂可能对高压喷射注浆质量产生影响的部位。

水平旋喷的施工质量检验标准可参照《建筑地基基础工程施工质量验收规范》DBJ50-125-2011 中的高压喷射注浆地基检验标准进行（表 2-16）。

高压喷射注浆地基质量检验标准　　表 2-16

项	序	检查项目	允许偏差或允许值		检查方法
			单位	数值	
主控项目	1	水泥及外掺剂质量	符合出厂要求		查产品合格证书或抽样送检
	2	水泥用量	设计要求		查看流量表及水泥浆水灰比
	3	桩体强度或完整性检验	设计要求		按规定方法
	4	地基承载力	设计要求		按规定方法
一般项目	1	钻孔位置	mm	≤50	用钢尺量
	2	钻孔垂直度	%	≤1.5	经纬仪测钻杆或实测
	3	孔深	mm	±200	用钢尺量
	4	注浆压力	按设定参数指标		查看压力表
	5	桩休搭接	mm	>200	用钢尺量
	6	桩体直径	mm	≤50	开挖后用钢尺量
	7	桩身中心允许偏差		≤0.2D	开挖后桩顶下 500mm 处用钢尺量,D 为桩径

注:地基承载力、钻孔垂直度项目水平旋喷桩无此项。

(8) 施工常见问题及处理措施

为确保成桩质量,旋喷过程必须连续,防止出现断桩、缩桩及堵嘴现象。另外,旋喷速度及压力直接决定了成桩的质量,压力和速度控制好后,可以使切割的砂土体与浆液充分搅拌混合,形成均匀的水平圆柱状水泥砂土固结体,即水平旋喷桩。它能起到很好的加固支撑作用,为开挖工序的安全提供保障。

成桩时喷浆至孔口掌子面 1.0m 距离段必须做好封孔工作。孔口处的止浆装置一般为大球阀。每根桩施工完毕后都应用清水高压冲洗管道及设备,确保管道内不留浆液,清洗完毕后移至下一桩位。因为浆液初凝及待强需要时间,所以下一桩位应该间隔施工,间隔 2~3 根施工较为理想。

因故停喷后重新恢复施工前,应将喷头前移 30cm,采取重叠搭接喷射处理后，方可继续后退及喷射注浆，并应记录中断深度和时间。停机超过 2h 时，应对泵体输浆管中进行清洗后方可继续施工。

1）精度控制。

传统的垂直旋喷在施工精度上主要控制的方面有浆液质量、桩体强度、承载力及桩径、桩位、桩长等，水平旋喷施工工法的精度控制不仅包括垂直旋喷工法里相关内容，而且还应包括上倾角度、搭接位置、桩体空间分布等。

如在隧道预加固工程中，水平旋喷桩的上倾角度不宜过大，这样既能充分发挥桩体的超前支护性能，又能避免上倾角度过大给施工带来更多的麻烦；由于桩体呈水平布置，施工时应主要桩端位置的固定，及时做好搭接处理，以免由于上方土体的作用，造成桩体挠度较大。施工时水平旋喷桩较长，应注意水平旋喷桩体的空间分布，水平方向上应注意钻进过程保持钻杆跟进一致，以免造成窜桩无法钻进或旋喷等现象。在锚固、地基工程中，还应注意水泥浆液的性能，如水泥浆体的强度、耐久性、防渗等。

2）孔口溢流。

孔口溢流是水平旋喷桩施工的关键部分，与垂直旋喷桩不同，水平旋喷桩施工时往往具有一定的上倾角度，如果不控制好孔口的返浆溢流则会造成无法成桩或成桩失败等现象。孔口的返浆溢流不应过大，溢流过大，孔内浆液无法充分填充旋喷所产生的孔洞部分，造成桩体有空洞的现象，桩体达不到强度要求；溢流过小，则又会使得孔内压力过大，造成周边土体变形，地面隆起等不良现象。因此，施工时应结合现场的参数，采用合理的止浆方式，做到根据实际的情况来处理止浆。

3）地面隆起或塌陷变形。

水平选喷工法常用于水平向支护加固土体的工程中，涉及土体范围往往位于桩位的正上方，因此上部土体的稳定性直接影响着施工的正常进行。当上部覆土层抗剪切力学性能差、土层厚度不够或旋喷参数设置不合理时，往往造成上部土体的隆起，影响邻近构筑物的安全。分析其原因主要有以下几个方面：

① 上覆土层抗剪切力学性能差、土层厚度不够。喷射流在孔内喷射时，一方面切割、破坏土体；另一方面一部分喷射动能转化为对土体孔内压应力，当土体抗剪切力学性能差时，孔内周围土体被不断地挤密、压实，随后发生整体位移，反映在地表位置就变成地面隆起。

② 旋喷喷射压力过大，造成喷射流动能过大。

③ 旋喷后退速度过小或旋转速度小，造成孔内单位时间内喷射流作用时间长，喷射作用力大。

④ 孔口溢流不畅，试验中孔口止浆阀可以控制外排的水泥土溢流，因为土体在浆液的作用下变得十分黏稠，非常容易造成包钻、裹钻的现象，当溢流不畅时，便造成孔内压过大，易产生地面隆起。

所以通过控制喷射压力、加快提升和旋转速度、控制溢流等方法可以有效控制地面隆起等不良施工影响。而当上部土体覆土层抗剪切、抗拉力学性能差或旋喷参数设置不合理时，也可能造成上部土体的塌陷。浆液喷射流在孔内的作用，主要有切割和置换两种形式，当浆液主要以置换的方式形成固结体时，若孔内压力不足以支撑孔壁的稳定性时，则会造成孔内塌陷，从而延伸至周围土体，甚至至地面。因此，在施工过程中应注意既不能使得孔内压力过大也不能造成孔内压力过小，这一点应针对具体地层，采取前期试验的方式，加以确定施工参数。

4）固结体不完整。

高压喷射注浆完毕后，或在喷射注浆过程中因故中断，均可能产生固结体空洞、桩体不连续等现象。防止因浆液凝固收缩，可采用回灌冒浆或二次注浆等措施。防止因喷射注浆中断导致的断桩，可在二次注浆时，保证停顿部位的搭接长度不小于 100mm，以保证固结体的整体性。

5）固结体强度不均。

不同的土层特性对喷射注浆固结体的直径、强度影响较大，如较坚硬土层桩径偏小、含有机质阻碍固结体硬化造成强度偏低、砂类土中固结体强度较高等，实际工程施工中，宜根据不同土层深度和厚度及时调整喷射参数或进行复喷，或采用插筋的方式加大桩体的强度。

6）喷射流压力偏低。

高压泵压力偏低会造成喷射流破坏力较低而达不到处理效果，可能的原因有高压泵性能不足、高压泵摆放距离过远、浆液管路泄漏等。若因高压泵性能不足，不能产生设计要求的压力，应立即更换高压泵；高压泵摆放距离过远，增加了高压胶管的长度，使高压喷射流的沿程损失增大，导致实际喷射压力降低，实际施工中当流量较大而压力偏低时，应检查各部位的泄漏情况，必要时拔出注浆管，检查密封性能。

7）现场废浆液污染严重。

施工前做好规划，有计划的堆放或导流废浆液，及时处理，保持施工场地文明有序。

针对隧道施工环境和目前水平旋喷工法存在的问题，国内已研制成功一种带孔口止浆器的全方位高压喷射注浆新工法，以及国内第一台隧道全方位高压喷射注浆钻机及其旋喷后台配套设备。该工法能够可靠实现隧道开挖超前支护的拱棚。在水平倾斜、侧斜及仰角高压喷射注浆时可实现孔内浆液的饱满和压力控制及仰角喷射注浆时可实现孔内浆液的饱满和压力控制，能够确保注浆体质量，减少对地层的削弱。从而控制地基变形，废浆液通过导流管实现有序排放，避免施工场地环境污染。

参考文献

[1] 窦培申. 北京地铁十号线呼家楼站超前小导管注浆材料试验及注浆工艺. 北方交通, 2011（07）.

[2] 肖昌军, 王晓刚. 超前小导管注浆技术在北京地铁10号线劲松站粉细砂地层加固中的应用. 铁道标准设计, 2008（12）.

[3] 李力. 粉细砂地层注浆管棚作用机理及在暗挖隧道施工中的应用[D]. 北京交通大学, 2006, 12.

[4] 魏文义, 杜立新, 毕德灵, 孙成刚. 水平旋喷在饱和粉细砂围岩中的应用. 现代隧道技术, 2011, 4, 48（02）.

[5] 李世才, 石光荣, 伍军. 桃树坪隧道富水未成岩粉细砂预加固施工技术. 现代隧道技术, 第48卷第2期（总第337期）, 2011年4月.

[6] 张民庆, 孙国庆, 等. 圆梁山隧道2号溶洞正洞施工技术. 铁道工程学报, 4（84）, 2004, 12.

[7] 于学敏. 先注浆后冻结综合方法加固粉细砂地层的试验研究[D]. 北京交通大学, 2009, 6.

[8] 李成学. 注浆技术在含水粉细砂地层隧道中的应用研究[D]. 北京交通大学, 2005, 3.

[9] 王军舰. 隧道管棚超前支护技术研究[D]. 西安科技大学, 2011.

[10] 雷小朋. 水平旋喷桩预支护作用机理及效果的研究[D]. 西安科技大学, 2009.

[11] 何华英. 武广客运专线隧道超前小导管施工. 城市建设理论研究, 2012（14）.

3 注浆效果的检验与评价

注浆效果是指浆液在地层中的实际分布状态与设计的预定注入范围的吻合程度及注浆后复合土质参数（抗剪强度、密度、渗透系数等）的提高状况。近年来虽然注浆技术有很大的进步，但该领域仍存在一些急待解决的问题。当前较为突出的问题是很难使浆液按设计要求准确地进入预定的注浆范围。因此会出现没注到的部位，即遗漏部位，有时这些部位是连通的，这种情形就是后期出现漏水塌方、发生事故的祸根。而这些隐患发展成事故，通常需要一段时间。有的来得快，注浆工程没结束就出现事故；而有的事故并不在当时发生，而是在注浆工程结束后工程开挖施工过程中发生。

对上述老大难问题的处理方法，首先是对注浆效果进行调查、评价，其次才是二次注浆。因此，效果评价关注到注浆加固的成败。下面从注浆效果评价标准和调查方法进行阐述。

3.1 注浆效果的评价标准

粉细砂地层的注浆效果由地层的变形特征、注浆强度值大小、注浆材料对地层的变形特征及加固程度的影响决定。地层的变形特征包括孔隙率、地层围压、孔隙的大小分布、地层的尺寸效应及地层的含水率。注浆强度值包括注浆压力、注浆流量、注浆孔间距、注浆管长度、注浆次序和注浆时间。注浆材料特征包括固结体强度、注浆材料的结实率、可注入性、注浆材料的受压使用性能变化及注浆材料性能的时间效应。

粉细砂地层注浆效果的评价主要可根据以下几个方面进行

评价：

(1) 注浆前后土体的力学性态的变化情况。通过力学性能的试验来确定注浆后土质参数（抗剪强度、抗压强度、粘聚力、内摩擦角、弹性模量、容量、渗透系数等）的提高状况，来评价注浆后的防渗、补强和加固效果。

(2) 实际注入范围与设计的预定注入范围的吻合程度以及浆脉的分布形式和状况。可从浆液扩散范围的大小、注浆的连续性和均匀性所形成的浆脉的形态等方面判断。浆液不应泄漏到预定的加固范围之外，也不能存在遗漏加固部位。即使仅存在一个未固结部位，也可能使整个注浆加固失败。因此，应使所加固的土层中不出现未固结部位。另外，应注意注入孔与最远相邻孔中间部位的加固值往往不能满足实际要求。

(3) 对周围环境的影响。可以通过对周围地层的变形、周围构筑物的变形以及地下水质的变化情况等来评价。

对常见注浆效果检查方法的评价标准描述见表 3-1。

注浆效果检查评定标准表　　表 3-1

评定方法	评定标准
P-Q-t 曲线法	注浆施工中 P-t 曲线呈上升趋势，Q-t 曲线呈下降趋势，注浆结束时，注浆压力达到设计终压（常取 1～4MPa），注浆速度达到设计速度（常取 5～10L/min）
注浆量分布特征法	(1) 注浆量分布时间效应直方图应呈降趋势，结束时，后序注浆孔基本应达到吸不进浆的状态，即 $Q \to 0$； (2) 注浆量空间效应图表现特征为周边注浆孔注浆量大于中部注浆孔注浆量，后序孔注浆量小于前序孔注浆量
涌水量对比法	(1) 随着注浆进行，钻孔涌水量不断减少； (2) 注浆后开挖过程中涌水量 $\leqslant 10m^3/h$，注浆堵水率应达到 80% 以上
浆液填充率反算法	当地层中含水量不大时，浆液填充率应达到 70% 以上；当地层富含水时，浆液填充率应达到 80% 以上

续表

评定方法	评定标准
检查孔观察法	经过注浆后，检查孔应成孔完整，不得有涌砂、涌泥现象，流水量<0.1L/(m·min)。检查孔放置1h后，也不得发生上述现象；否则，应进行补孔注浆或重新设计
检查孔取芯法	检查孔取芯率应达到70%以上，岩芯强度应达到0.2MPa以上。检查孔 P-Q-t 曲线法：检查孔 P-Q-t 曲线应较正常注浆时曲线形态要陡，注浆 5~10min 后，P、Q 值均应达到设计值；否则，应进行补孔注浆或重新设计
渗透系数测试法	对于截水帷幕，地层的渗透系数应<10^{-5}cm/s，否则，应进行补孔注浆或重新设计
加固效果观察法	开挖面浆液填充饱满，能自稳，掌子面无水；注浆机制分析法开挖观察注浆加固方式达到预期的设计目的
开挖取样法	力学指标测试法：注浆固结体抗压强度应达到0.2MPa以上，注浆后地层含水率应低于30%
变位水位推测法	在注浆结束后工程开挖过程中，帷幕注浆圈外水位应保持不变
变形推测法	注浆过程中，被保护体应保持为限量隆起变形；注浆后施工过程中，被保护体应处于缓慢下沉变形阶段，总变形量应满足设计沉降允许要求，否则应进行跟踪补充注浆
物探法	应进一步研究，确定技术指标

3.2 注浆效果检查方法

注浆效果检查评定是评价注浆工程的主要手段和决策开挖施工方案的依据。根据以上注浆效果的评价标准，目前常用的评价方法包括：P-Q-t 曲线法、注浆量分布特征法、渗透系数测定法、波速测试法、标准贯入度法、干密度测试法、力学指标测试法、反算填充率法、PST法、钻孔取芯观察法、地质雷达法、CT透视法等。

3.2.1 p-Q-t 曲线法

p-Q-t 曲线法是通过对注浆施工中所记录的注浆压力 p、注浆速度 Q 进行 p-t，Q-t 曲线绘制，根据地质特征、注浆机制、设备性能、注浆参数等对 p-Q-t 曲线进行分析，如图 3-1 所示，从而对注浆效果进行评判。

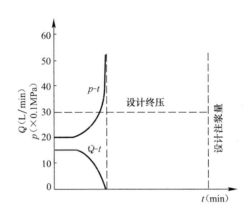

图 3-1 检查孔 p-Q-t 曲线

对于一般注浆工程，不必采取钻孔取芯，基本上都可以采用 p-Q-t 曲线法对注浆效果进行十分有效的评判。对注浆过程的施工质量以及有关施工记录的技术资料加以整理、分析，便可以初步判断注浆效果。在隧道和地下工程的注浆中，注浆压力是注浆施工好坏的关键因素之一，决定注浆压力的因素较多，且非常复杂，目前通常是根据注浆前注水试验的数据和以往的施工经验确定。以往，人们在注浆过程中常把注浆压力固定在某一数值上，而忽略了注入压力的相对变化，实质上注入压力的相对变化反映了注入效果的好坏，如图 3-2 所示。

(1) 压力反复升降，总的趋势呈逐渐上升，说明浆液在粉细砂中形成劈裂渗透或浆液处于凝胶时间段。

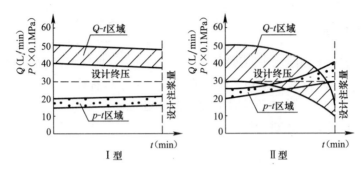

图 3-2 注浆孔 p-Q-t 曲线法

(2) 注浆开始后压力不上升，甚至离开初始压力值呈下降趋势，表明浆液外溢。

(3) 压力上升后突然下降，表明浆液可能从注浆管的四周逸走，或注速过快，扰动土层，或遇到空隙薄弱部位。

(4) 压力上升很快，而速度上不去，表明土层密实或凝胶时间过短。

(5) 压力有规律上升，即使达到容许压力时注浆速度也正常，表明注入成功。

(6) 压力上升又下降，稍后又开始上升，并达到预定的要求值，这可以认为是第三种情况的空隙部位已被浆液填满，这种情况也表明注入成功。

因此对注浆中的注浆压力、注浆浓度、吸浆量等变化情况进行分析，绘制注浆施工过程中的 p-Q-t 曲线，可以判断注浆工作是否正常和注浆效果。在施工过程中应根据以上注浆过程中的注浆压力和注浆速度变化情况作出适当的调整。

3.2.2 注浆量分布特征法

注浆量分布特征法分为注浆量分布时间效应法和注浆量分布空间效应法两种，即注浆量分布时空效应法。注浆量分布特征法简单易行，施工中不必采集过多的注浆信息，只需要统计、分析注浆量这一个参数就可以达到对注浆效果的合理评价。

注浆量分布时间效应法是通过将各注浆孔注浆量按注浆顺序进行排列,绘制注浆量分布时间效应直方图,根据注浆量分布时间效应图,对注浆效果进行宏观评价。

注浆量分布空间效应法是通过将各注浆孔注浆量按注浆孔位置绘制注浆量分布空间效应图,根据注浆量分布空间效应图,对注浆效果进行宏观评价。

在效果评价时,该方法多作为选测项目进行测试,绘制注浆量分布时间效应图如图3-3所示。由图3-3可知,可以将注浆量分布时间效应图总体分成两部分,即前期单序孔部分和后期双序孔部分,明显单序孔注浆量要比双序孔注浆量大,这和预期的挤压填充注浆设计原则相一致,注浆后地层得到了较好的加固。前期单序孔阶段,注浆量呈明显的离散性,这主要是由于岩土介质分布的不均一性特征所引起。

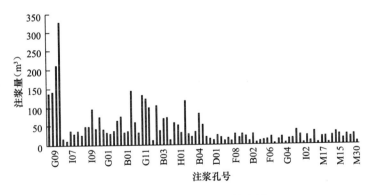

图3-3 注浆量分布时间效应图

绘制注浆量分布空间效应图(图3-4)。由图3-4(a)上半断面注浆量分布空间效应图注浆量分布情况来看,两侧拱腰处明显存在着薄弱区。由图3-4(b)下半断面注浆量分布图来看,注浆量分布比较均匀,注浆量大的孔和注浆量小的孔基本呈间隔状，这是由于注浆方式采取了跳孔注浆原则，这和预期的挤压填充注浆设计原则相一致。

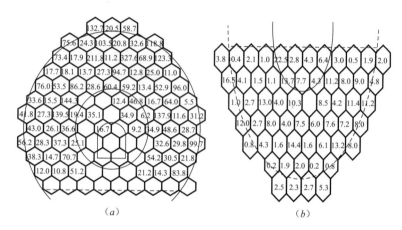

图 3-4　注浆量空间分布效应图
(a) 上半断面注浆量分布空间效应图；(b) 下半断面注浆量分布空间效应图

如上所述，超过设计量的注浆是必要的。但是，不能说因为注入了超量的浆液就达到了充分注浆。

注浆量是注浆结束的标准之一，前期注浆孔以单孔注浆量控制为主，压力为辅，当单孔注浆量达到设计单孔注浆量时，即可换孔注浆；后期注浆孔则以终压控制为主，注浆量为辅。达到终压时，当注浆孔注入率小于 60L/min 时，可再延时 20～30min，即可结束注浆。

3.2.3　浆液充填率反算法

通过统计总注浆量，可采用式（3-1）反算出浆液填充率，根据浆液填充率评定注浆效果，即

$$\Sigma Q = V \cdot n \cdot \alpha (1 + \beta) \qquad (3\text{-}1)$$

式中　ΣQ——总注浆量（m³）；

V——加固体体积（m³）；

n——地层孔隙率或裂隙度；
α——浆液填充率；
β——浆液损失率。

3.2.4 涌水量对比法

涌水量对比法是通过对注浆过程中各钻孔涌水量变化规律进行对比，或对注浆前后涌水量进行对比，从而对注浆堵水效果进行评价。通过对涌水量的对比，来确定堵水率，以此来评价注浆效果的优劣。当地下工程中注浆目的是防渗堵漏时，注浆的封水效果是关键性的控制指标。因此该方法对防渗堵漏的注浆效果进行评价时，应用较多，如图3-5所示。

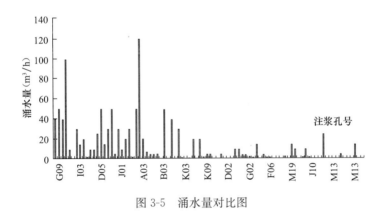

图 3-5 涌水量对比图

封水效果为：

$$K = (Q_1 - Q_2)/Q_1 \qquad (3-2)$$

式中 K——封水效果（%）；

Q_1——注浆前工程的涌水量（m^3/h）；

Q_2——注浆后工程的涌水量（m^3/h）。

注浆效果判别方法：（1）随着注浆进行，钻孔涌水量不断减少；（2）注浆后开挖过程中涌水量$\leqslant 10 m^3/h$，注浆堵水率应达到80%以上；（3）钻孔检查时，检查孔的吸水量（漏水量）单孔时应小于1L（min·m）；全段应小于20L（min·m）。

3.2.5 渗透系数测定法

注浆后地层的渗透系数下降是注浆加固见效的重要表征。确定渗透系数的方法有室内试验、现场试验两种。室内实验有常水头渗透试验（适于砂类土样）和变水头试验（适于原状粘土试样）两种。现场试验有抽水试验、注水试验、重锤试验法、竖井内小径水平钻孔集水法、选用经验值等方法。

土体的渗透系数与填充率有直接关系，而填充率与加固体抗压强度和干密度有直接关系，因此，渗透系数是检测注浆效果好坏的一个重要指标，在帷幕注浆中，效果检测的一个关键性指标为土体的渗透系数。

可采用下式计算地层注浆后渗透系数：

$$k = \frac{0.366Q}{ls}\lg\frac{2l}{r} \tag{3-3}$$

式中　k——渗透系数（m/d）；

　　　Q——稳定注水量（m³）；

　　　l——试验段长（m）；

　　　s——为孔中水头高度（m）；

　　　r——为钻孔半径（m）。

通常评价标准：对于截水帷幕，注浆后地层的渗透系数应$<10^{-5}$ cm/s。

3.2.6 力学指标测试法

力学指标测试法，在隧道超前预注浆和塌方处理时作为必测项目对土体注浆效果进行评价，土体注浆后，力学参数和物理参数均有不同程度的提高。

力学指标测试法是直接有效的检测注浆效果的方法，其中物理参数和力学参数指标的变化能够直观地反映注浆效果的优劣。但由于力学指标测试法属于室内试验,在取样和试验过程中,会有误差的存在。其中力学参数指标的最关键指标是承载力,到目前为止,国内外尚没有注浆治理后地基承载力计算公式,注浆治理后的地基承载力可近似地用下式计算:

$$f_{注浆} = a[0.5Q_u \times \beta + (1-\beta) \times f] \quad (3-4)$$

式中 Q_u——水泥浆液结石体的无侧限抗压强度(kPa);

β——水泥浆液的充填率;

f——注浆治理前地基承载力;

a——修正系数,其值与 β 和孔距 L 有关,$a = \dfrac{1}{\sqrt{c\beta L}}$。

对于粘土 c 值为 30~50,对砂性土 c 值为 10~30。

3.2.7 PST 法

PST 法是压水试验(P)、声波测试(S)、p-Q-t 记录(T)综合法的简称,它是通过岩土层空隙在注浆前后的压水吸水率的变化趋势及范围、声波声学参数的变化分析及计算、p-Q 及 Q-t 记录的关系,来分析判断注入地层中浆液的扩散状况及范围、空隙充填的饱满程度、浆液结石体的强度,以此检测注浆效果。也就是说 PST 法作为检测注浆效果的方法,评价的参数为土体的渗透系数、波速以及注浆过程中的注浆压力和流量,注浆压力和流量反映的是在注浆过程中浆液的注入情况,而渗透系数和波速反应的是浆液注入后土体的加固效果,从简单的施工记录上升到理论分析,这三个指标组合综合评价注浆效果,既能对注浆过程中的浆液注入量和压力进行监测,又能对注浆后岩土体的加固效果进行评价,且波速和渗透系数之间可相互联系综合评价注浆效果,该评价方法的优点是整体性强、易于操作,是评价地层注浆加固的常用方法。

PST 法首先对注浆过程中各个注浆孔的压水吸水率的变化

趋势及范围进行分析，推测受注地层空隙在注浆前后的变化情况，进而判断岩土空隙充填密实程度和其注浆效果；而声波可测出注浆前后地层岩土体声学参数的变化，由此推算出岩土体的空隙和力学性质、浆液在岩土空隙中扩散的状况及范围以及充填的密实程度；p-Q-t曲线是通过对注浆施工中所记录的注浆压力p、注浆流量Q进行p-t，Q-t曲线绘制，从地质特征、注浆机制、设备性能、注浆参数等方面考虑对p-Q-t曲线影响，从而对注浆效果进行评价。p-Q曲线和Q-t曲线可以及时了解浆液在注入过程中的分布情况。要求如下：

（1）p-Q-t曲线分析法：根据相关的规范规定和工程类比，要求注浆时单孔吻合正常的p-Q-t曲线的孔数在60%以上。

（2）压水试验：①当注浆前稳定注水量大于$150m^3/d$时，注浆后要求稳定注水量降低60%以上；②注浆前注水量为100~$150m^3/d$时，注浆后稳定注水量降低30%以上；③当注浆前稳定注水量小于$100m^3/d$时，注浆后要求稳定注水量必须低于注浆前注水量。

（3）波速测试法在注浆效果检测方法中较为有效。

注浆资料记录是注浆过程必须做的原始记录。通过三种测试结果互相对比、分析和验证，既可对岩土层原状的性态充分了解，又可及时掌握浆液的扩散状况，获取注浆过程的信息，进而反馈控制注浆参数（压力、流量、浓度、扩散范围），准确迅速为注浆工艺、注浆材料以及注浆设备的确定提供可靠依据，使注入浆液按设计到位，使整个注浆系统处于最佳状态。

3.2.8 检查孔法

检查孔法是针对注浆要求较高的工程所采用的一种方法，该方法也是目前公认的最为可靠的方法。

检查孔法是在注浆结束后，根据注浆量分布特征，以及注浆过程中所揭示的工程地质及水文地质特点，并结合对注浆P-Q-t

曲线分析，对可能存在的注浆薄弱环节设置检查孔，通过对检查孔观察、取芯、注浆试验、渗透系数测定，从而对注浆效果进行评价。一般来说，检查孔数量宜为钻孔数量的3‰～5‰，且不少于3个。注浆要求越高，检查孔数量应越多。

（1）检查孔观察法

检查孔观察法是通过对检查孔进行观察，察看检查孔成孔是否完整，是否涌水、涌砂、涌泥，检查孔放置一段时间后是否塌孔，是否产生涌水、涌砂、涌泥，通过观察，定性评定注浆效果，如图3-6所示。

图3-6　检查孔观察示意

（2）检查孔取芯法

对检查孔进行取芯，通过对检查孔取芯率、岩芯的完整性、岩芯强度试验等进行综合分析，判定注浆效果，如图3-7所示。

（3）检查孔 p-Q-t 曲线法

对检查孔进行注浆试验，根据检查孔 p-Q-t 曲线特征判断注浆效果。

（4）渗透系数测试法

对于注浆堵水工程，特别是注浆截水帷幕，注浆后测试地层渗透系数是评定注浆堵水效果的最主要、最可靠的方法。测试注浆后地层渗透系数的方法常采用注水试验，如图3-8所示。

图 3-7　检查孔取芯法示意　　图 3-8　检查孔渗透系数测试法

（5）波速测试法

波速测试法有横波、纵波和瑞雷波三种波的测试。波速测试是对土体的横波波速进行研究，对比注浆前后土体的横波波速的变化。

试验要求：注浆前、后对比试验，以波速增量说明注浆加固强度的提高程度。

3.2.9　开挖取样法

在注浆区域内进行开挖，观察工作面是否稳定、喷混凝土是否剥皮掉块、观察在预计扩散范围内浆液的扩散情况、固结情况等，测定涌水量的变化，而且还可以凿取岩样，加工成试件，进行力学性能试验，以评价注浆后的防渗、补强和固结效果，然后反馈，修改注浆参数，指导施工。

开挖取样法是在隧道开挖过程中，通过观察注浆加固效果、对注浆机制进行分析、测试浆液固结体力学指标，从而对注浆效果进行有效评定，同时，开挖取样法也为下一阶段注浆设计与施工提供重要的价值。

(1) 加固效果观察法

加固效果观察法是通过对开挖面进行观察，宏观评定注浆加固效果，如图 3-9、图 3-10 所示。

图 3-9　加固效果观察现场图

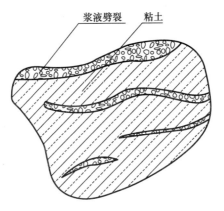

图 3-10　加固效果素描图

(2) 注浆机制分析法

通过对掌子面注浆效果观察，分析注浆机制，定性判定注浆效果。

（3）力学指标测试法

对掌子面进行取样，对试件进行力学指标测试，通过分析力学指标，确定注浆效果。

3.2.10 变位推测法

变位推测法是通过监测注浆前后，以及施工过程中地下水位变化、地表沉降量变化等，分析评判注浆效果。

（1）水位推测法

水位推测法是通过监测帷幕注浆圈外水位监测孔的水位变化，分析评判帷幕注浆效果。

（2）变形推测法

变形推测法是通过监测注浆前后，以及施工过程中被保护体的沉降变形，分析评判注浆加固效果。

3.2.11 物探法

（1）地质雷达法

地质雷达法是注浆效果评价中的常用方法之一，与上述方法不同的是：该方法对注浆效果的分析属于定性分析，通过利用介质间的电导率、介电常数等电性差异分界面对高频电磁波的反射来探测地下目标体。在地下一定深度内如果存在有空洞或该处注浆体充填率小于周围土体的充填率，并且其与周围介质间存在明显的电性差异时，由地质雷达天线在地表向地下发射的高频电磁波遇到异常物体与周围介质电性分界面时就会被反射回地表被接收天线接收，根据介质中电磁波传播速度和接收的反射信号及其双程走时，便可确定地下空洞的位置和深度，从而评价注浆效果的优劣，但由于受现场条件及仪器本身的技术问题的限制，地质雷达法所探测到的注浆薄弱区与实际情况有一定的偏差，如图 3-11 所示。

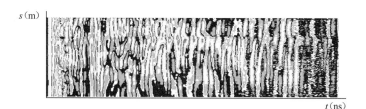

图 3-11 地质雷达法注浆效果波谱

（2）CT 透视法

孔间波法 CT 是借鉴医学上的 CT 射线扫描原理，通过对孔间断面的大量地震波射线扫描，并从曲线积分值中求取物性参数的空间分布，从而得到探测对象的物性图像。CT 透视法应用于超前探测较多，由于其探测结果准确率较高，且属于面探测，目前已逐渐应用到注浆效果检测中，探测时，先固定发射端在 R_1，移动接收探头分别在 S_1，S_2，…，S_n 处接收发射端发出信号；再将发射端固定在 R_2，移动接收端分别在 S_1，S_2，…，S_n 处接收发射端发出的信号，直至发射端移动至 R_{10}，这样就完成了两孔之间的扫描，再配合 CT 成像软件，可对所扫描区域进行大体判定，判定其中注浆效果，该检测方法的优点在于能够在较小的破坏现场情况下，得到相对较为准确详细的探测结果。根据土体情况的不同，发射端可采用电磁波、声波、地震波等激振，图 3-12 为孔间波 CT 法在土体中进行扫描时的示意图。

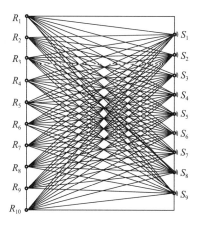

图 3-12 孔间波 CT 法扫描示意图

以上介绍的方法各有其特点，对于不同的注浆工程都能用其中的一种或几种对其效果进行评价，但由于土的各向异性、不均匀性，单一的评价方法并不能科学有效的评价注浆加固效果，为了提高评价注浆效果准确性，应结合具体情况采用综合方法进行评价，使注浆效果评价更加准确科学。

参考文献

[1] 张民庆，张文强，孙国庆. 注浆效果检查评定技术与应用实例 [J]. 岩石力学与工程学报，第 25 卷增 2，2006（10）.

[2] 程骁，张凤祥. 土建注浆施工与效果检测 [M]. 上海：同济大学出版社，1999.

[3] 孙洪军. 青坪隧道涌水量及注浆加固圈研究分析 [J]. 公路工程，2012.

[4] 郭峰，彭峰，刘新禄. 北京地铁十号线围岩体注浆加固设计与施工评价 [J]. 西部探矿工程，2006.